JN142196

ぶらりあるき 釜山・慶州の博物館

Busan Gyeongju Museum

中村 浩
Hiroshi Nakamura
池田榮史
Yoshifumi Ikeda
木下 亘
Wataru Kinoshita

芙蓉書房出版

国立金海博物館（金海）

長生浦クジラ博物館（蔚山）

臨時首都記念館（釜山）

朝鮮通信使歴史館（釜山）

オンギ博物館（蔚山）

東里・木月文学館（慶州）

馬山文信美術館（昌原）

鎮海博物館（昌原）

大成洞古墳博物館（金海）

仏国寺（慶州）

朝鮮通信使が乗った板屋船
（朝鮮通信使歴史館〔釜山〕）

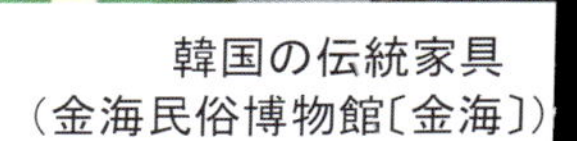

韓国の伝統家具
（金海民俗博物館〔金海〕）

伽耶土器の展示（金海民俗博物館〔金海〕）

日本の打掛
（国立大邱博物館〔大邱〕）

台所に並べられたオンギ（オンギ博物館〔蔚山〕）

七環鈴（福泉博物館〔釜山〕）

釜山大学校博物館（釜山）

東亜大学校博物館（釜山）

日本の植民地時代の建物に使われた瓦（東亜大学校博物館）

釜慶大学校博物館（釜山）

啓明大学校博物館（大邱）

まえがき

長崎県対馬北端の丘に登ると、対岸に韓国沿岸部の景色を望むことができます。相互関係が途絶状態や強度の緊張状態を生じたこともありますが、一衣帯水の間にある韓国と日本は隣り合う地域や国家として、歴史的文化的にさまざまな関係を築いてきました。

韓国について、「ぶらりあるき博物館シリーズ」に取り上げることは以前から企画していました。このたびその手はじめとして、韓国南部の釜山と、慶州・蔚山・大邱・金海・昌原・晋州の博物館を巡ることにしました。

韓国第二の都市である釜山は慶尚南道南端の港町として発展し、日本との交流・交易にも深い関わり合いを持っています。また、慶尚北道南部の慶州はかつて韓半島一帯を支配した新羅の王都が置かれたことから、新羅王陵や王宮、寺院など多くの史跡が残されています。慶州の西に位置する大邱は首都ソウルと釜山や慶州との間を結ぶ交通路が分岐する街で、交通や物流の要衝として発達してきました。この釜山、慶州、大邱を抱える慶尚道地域には点在する多くの盆地を縫って洛東江が流れています。洛東江流域はかつて伽耶と呼ばれた地域であり、古代日本との関係も深い伽耶十二国があったことで知られています。

韓国では地域の歴史や文化を顕彰、継承し、また国内外から訪れる人々に地域の特性を理解してもらうことを目的として、各地の史跡を整備するとともに、さまざまな博物館の設置を進めています。

本書がこのような動きの中にある韓国の博物館について理解を深める一助になれば幸いです。

池田　榮史

ぶらりあるき釜山・慶州の博物館　目次

慶州の博物館 61

蔚山の博物館 95

大邱の博物館

京畿道
江原道
ソウル
仁川
忠清北道
忠清南道
大田
慶尚北道
大邱
慶州
全羅北道
蔚山
慶尚南道
金海
晋州
昌原
釜山
光州
全羅南道
韓国全図
済州島
済州特別自治道

釜山（プサン）

釜山は、約三五〇万人の人口を擁する韓国第二の大都市です。対馬海峡に面し、古くから日本と韓国を結ぶ要衝として繁栄してきた港湾都市です。

古代は伽耶（任那）に含まれ、後に新羅に合併されました。高麗時代は漁村でしたが、李氏朝鮮時代に東來都護府が置かれ、対日防衛の要衝として、さらには一五世紀初めに対日交易の拠点として日本人居留地が設けられました。豊臣秀吉による文禄・慶長の役などを経て、朝鮮王朝と江戸幕府の交渉が復活すると対馬藩の草梁倭館が設置され、鎖国時代の日本では蝦夷地、琉球とともに渡航、居住が許された地域になりました。一八七七年の日朝修好条規で開港地の一つとなり、国際港湾都市として発展します。

一九五〇年の朝鮮戦争でソウルが陥落すると一九五三年までここに大韓民国臨時首都が置かれ、難民の大量流入により人口が急増しました。一九九五年に「釜山広域市」となりました。

韓国鉄道公社（ＫＯＲＡＩＬ）釜山駅、釜山港、金海国際空港と、陸路・海路・空路の交通機関が充実し、高速道路も整備されています。釜山市内には地下鉄も走っています。

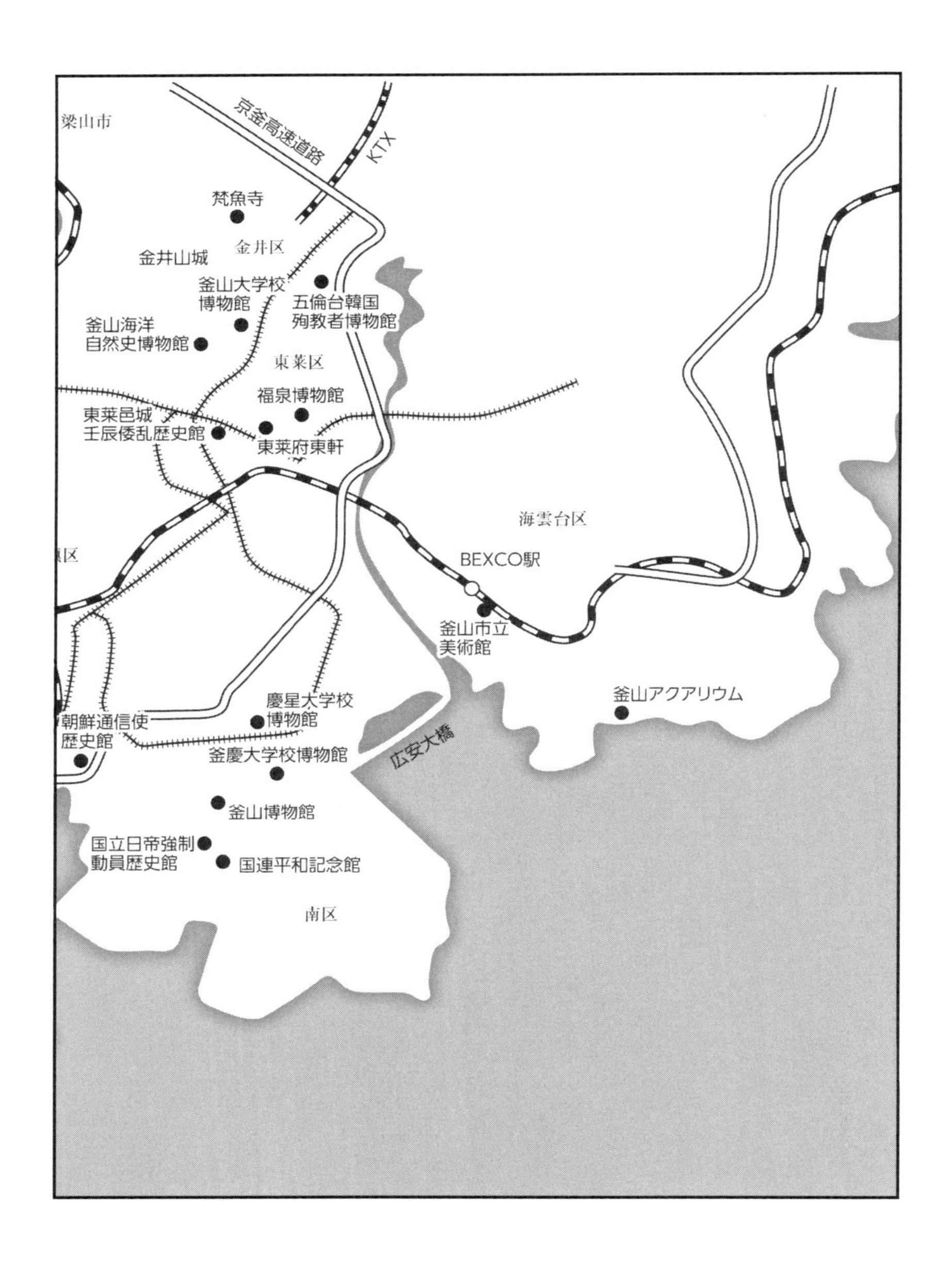
梁山市
京釜高速道路
KTX
梵魚寺
金井区
金井山城
釜山大学校
博物館
五倫台韓国
殉教者博物館
釜山海洋
自然史博物館
東莱区
福泉博物館
東莱邑城
壬辰倭乱歴史館
東莱府東軒
海雲台区
BEXCO駅
釜山市立
美術館
釜山アクアリウム
慶星大学校
博物館
朝鮮通信使
歴史館
広安大橋
釜慶大学校博物館
釜山博物館
国立日帝強制
動員歴史館
国連平和記念館
南区

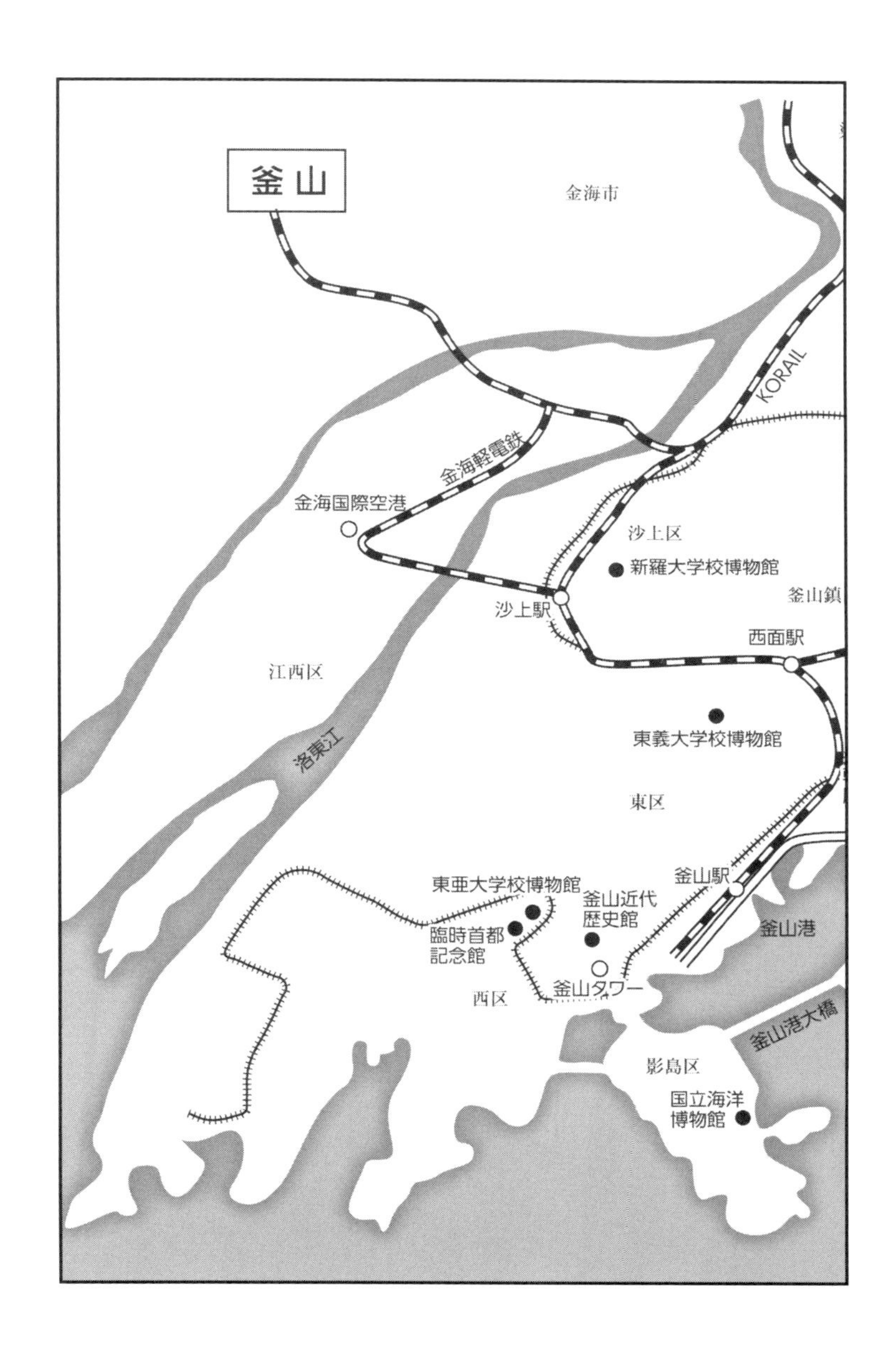
釜山
金海市
KORAIL
金海軽電鉄
金海国際空港
沙上区
新羅大学校博物館
釜山鎮
沙上駅
西面駅
江西区
東義大学校博物館
洛東江
東区
東亜大学校博物館
釜山近代
歴史館
臨時首都
記念館
釜山駅
釜山港
釜山タワー
西区
釜山港大橋
影島区
国立海洋
博物館

✤釜山博物館（ブサンパンムルグァン）（釜山広域市南区UN平和路63〔大淵洞〕）

釜山博物館は一九七八年に開館した釜山市が設立した公立博物館です。釜山市立の博物館、展示館は全部で六館ありますが、その中で最初に設立された博物館で、最も規模の大きな施設です。

博物館は釜山市内南部の南区にあり、交通至便の地に立地しています。地下鉄2号線大淵駅下車、UNロータリー方面へ徒歩一〇分程で到着します。バスも釜山駅、西面駅、海雲台、東莱などから博物館を経由する路線があり、非常に便利です。

釜山と日本列島の繋がりは古く、交易の要衝として釜山は栄えてきました。釜山の影島にある新石器時代の東三洞貝塚からは、九州地域の縄文土器や黒曜石の石器が発見されています。また、市内からは弥生土器や土師器系の土器なども相次いで発見されています。江戸時代には倭館が設置され、釜山窯で生産された茶碗が、日本で茶道具として珍重されたりもしました。その釜山地域の各時代にわたる資料や伝統文化の発掘・収集・保存・研究を目的として、この博物館が設立されました。

釜山博物館は、東莱館（旧石器時代〜高麗時代）と釜山館（朝鮮時代〜近・現代）の二つの展示館で構成されています。この二つの展示館は、以前は第一館と第二館と呼ばれていましたが、二〇一四年に釜山の歴史性と象徴性を考慮し現在の名称に変更されました。東莱という名称は、七五七年（新羅景徳王一六年）から使われ始めた由緒ある地名です。東莱館には旧石器時代から高麗時代までの、主に東莱地域で発掘調査、収集された考古資料を中心に展示が行われています。

釜山博物館

釜山博物館には、先史時代から現代に至るまでの三万点にも及ぶ資料が収蔵されており、国宝二点、宝物一点が含まれています。これら数多くの収蔵資料のうち一三〇〇点余りが展示、活用されています。

考古資料について少し見ておきましょう。新石器時代の遺物にはホタテ貝の貝殻を利用した貝面があります。これはムラの共同儀式や祭りで使用されたもので、実際に着用したというよりは儀式用に用いたと考えられます。青銅器時代の遺物に磨製石剣があります。石を磨いて作った短剣で、朝鮮半島で最も発達し、日本の北九州地域でも出土します。

歴史時代の遺物としては石塔があります。層塔の一部で、高さ五四・九㎝を残すのみですが、周囲の欄干、組み物、屋根瓦の装飾も丁寧に作られ、内部にまで注意が払われている優品で、三重あるいは五重塔の一部と考えられます。屋根の軒先に使用された軒丸、軒平瓦は三国時代を含めて多数出土しており、鬼瓦や鴟尾（しび）のほか道具瓦なども見られます。このほか陶質土器や軟質土器類も見られます。

釜山博物館でも遺跡の発掘調査が行われていて、新たな考古資料が追加され続けています。釜山市内に残る蓮山洞古墳群や萬徳寺址など、各時代にわたる遺跡が精力的に調査されています。これらの新しい調査成果もそのつど展示に反映され、魅力ある展示物を構成しています。

歴史資料の朝鮮通信使関係資料では直径四一・五㎝の色絵通信使文大皿、通信使屏風、さらに馬に乗って曲芸を披露する様子を描いた馬上才図絵巻など、日本の歴史にも密接な関係がある資料も含まれていて、その興味は尽きません。

第二館である釜山館は、朝鮮時代から大韓帝国そして近現代資料までを扱っています。釜山という地名は、朝鮮時代から現代まで使用されています。

釜山博物館は、様々な文化財資料を通して釜山の歴史を体感できる博物館として、釜山観光の重要拠点の一つと言えるでしょう。

新石器時代の遺物

貝　面

磨製石剣

鴟　尾

石塔の一部

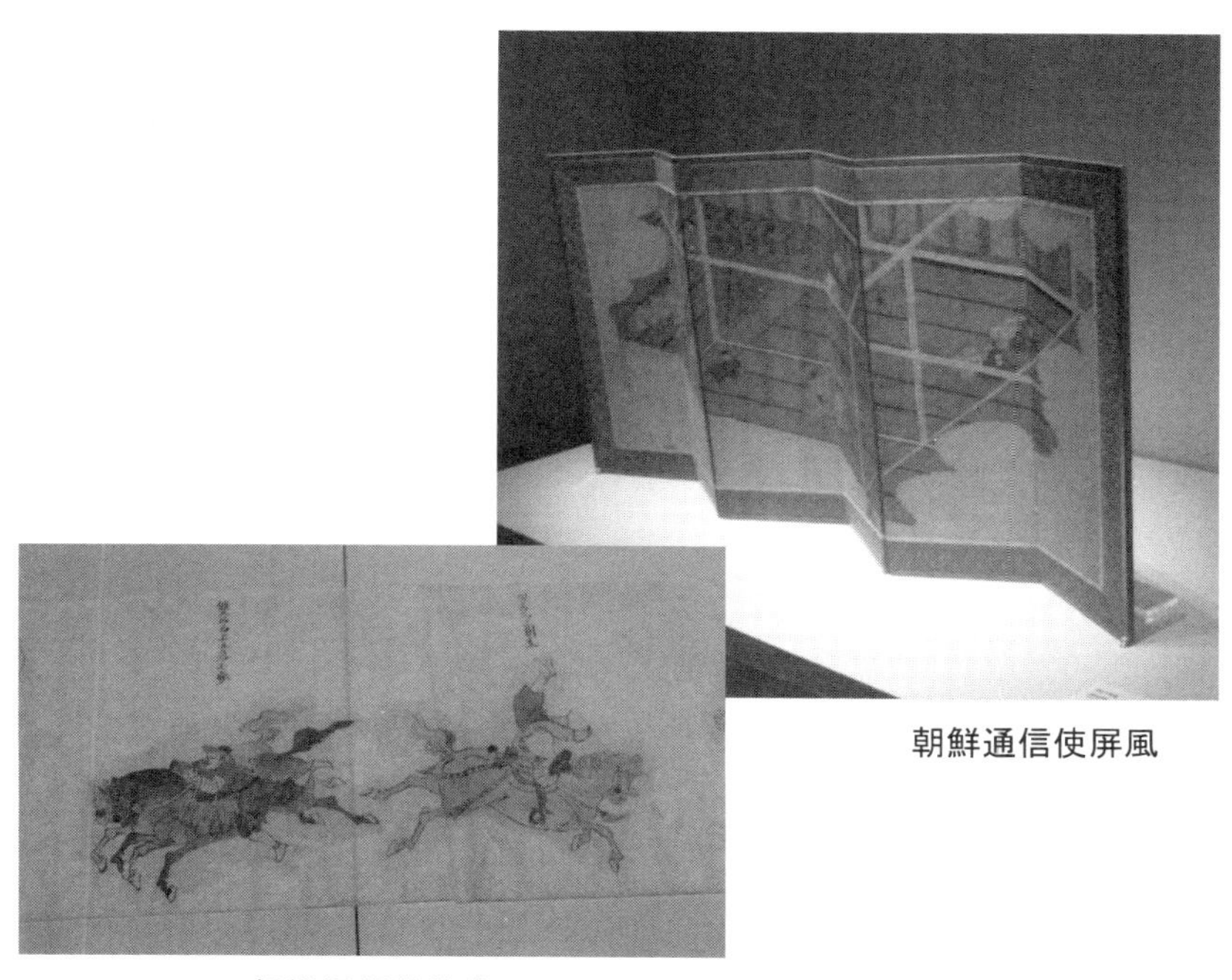

朝鮮通信使屏風

朝鮮通信使絵巻

伽耶土器

近代の展示

✽杜邱洞遺跡展示館（トゥグドンユジョクチョンジグアン）（窯跡展示館）（釜山広域市南区ＵＮ平和路63〔大淵洞〕）

正式名称を杜邱洞林石遺跡という遺跡が釜山市金井区杜邱洞山六四番地にありました。

釜山博物館が一九八六年と一九八七年に発掘調査を行い、統一新羅時代の土器窯一基と朝鮮時代の瓦窯二基のほか竪穴系横口式石室墓など多数検出しました。現在は窯跡展示館として博物館敷地内に併設された施設で移築展示されています。調査当時のままの姿で移築されていますが、周囲に置かれている陶器はオンギのようです。

✽釜山近代歴史館（プサンクンデヨクサグアン）（釜山広域市中区大庁路１０４）

観光名所の国際市場の近くにある龍頭山公園の麓にある釜山近代歴史館は、一九二九年東洋拓殖株式会社の釜山支店として建設された建物を改修し博物館としたものです。地下鉄1号線南浦駅から徒歩七分です。

建物は終戦後一九四七年七月から米国海外広報処の米文化院として使用されていましたが、一九九九年に米国政府から返還されました。

釜山市では七〇年ぶりに戻ってきたこの建物を、激動の近現代史を紹介し教育する場として活用するため、周到な準備作業期間を経て二〇〇三年七月三日に釜山近代歴史館として開館しました。二、三階が展示フロアで

窯跡展示館

釜山近代歴史館

す。

二階の展示室1は「釜山の近代開港」「日本による釜山収奪」「近代都市釜山」という大テーマで展示が構成されています。

「釜山の近代開港」では、一八七六年の開港後、多くの日本人が釜山に移住してきました。朝鮮の米を日本へ調達し、日本の鉱産品を朝鮮に売るためです。朝鮮時代後期に設置された草梁倭館に専管居留地を造成して暮らすことで、日本人は朝鮮政府の干渉を受けずに貿易することができたことなどが、さまざまな資料から分かります。「日本による釜山収奪」では、日本が釜山を行政的にも支配するために釜山府庁を設置し、広く支配力を浸透させていったことが貿易・商業・農業・工業などの分野の資料で解説しています。

「近代都市釜山」では、都市計画と埋め立て、釜山港変遷図、港湾と鉄道、一九三八年の釜山市街地の模型などの展示で、開港後、近代都市へと変貌していった釜山の姿を表しています。ここ大庁洞は植民地時代の釜山の中心地であり、日本人居留地として東洋拓殖株式会社をはじめ銀行、病院、家具屋、和菓子屋、洗濯屋、出版社などが軒を並べていた様子が立体的にジオラマで表示されています。もっとも、それらの大半は日本人が経営し、ほとんどが日本人のためのものでした。

三階の展示室2には、「東洋拓殖株式会社」に関する展示と「近現代の韓米関係」に関する展示があります。東洋拓殖株式会社は日本が朝鮮の経

釜山市街地のジオラマ

釜山の変遷をパネル展示

済を支配するために設立した国策会社でした。ここではその設立と支店分布のほか、農場経営、日本人移住事業などの事業概要の資料が展示されています。

「韓米関係」は一九世紀にはじまり、米軍政期の政治と行政、社会と経済、韓国朝鮮戦争と米国の援助、米文化院防火事件と返還運動などが扱われています。一八六六年、通商を要求して大同江に侵入してきた米国商船ジェネラル・シャーマン号が反撃にあい放火されてしまうという事件が起きました。この事件により韓国と米国は初めて接触し、韓米修好条約を一八八二年に締結し公式に交流が始まりました。しかし一九〇五年以降日本によって外交関係は断たれてしまいます。一九四五年の第二次世界大戦終結により、朝鮮半島での日本の支配は終息しましたが、韓民族は南北に分断され、その過程で韓米両国の関係が復活しました。

「釜山の近代通り」コーナーには、かつてあった建物が復元されている。
上から釜山憲兵分隊、和菓子屋、家具屋、クリーニング屋

✻朝鮮通信使歴史館（釜山広域市東区汎一洞３８０　子城台公園内）

朝鮮通信使歴史館は二〇一一年四月二一日、子城台公園の一画に開館しました。地下鉄1号線凡一駅が最寄り駅ですが、歩くと二〇分ほどかかります。

朝鮮通信使は、室町時代の一三七五年に足利義満の派遣使節に対して李氏朝鮮から日本に使節を派遣したことが始まりとされています。その後、豊臣秀吉の朝鮮出兵（文禄・慶長の役、壬辰・丁酉倭乱）によって日朝間の国交が途絶えたため通信使派遣も中断されましたが、江戸時代に入り一六〇七年に再開され、以降一八一一年まで一二回にわたって行われました。

通信使は、漢陽（現在のソウル）から釜山までは陸路、釜山から大坂までを海路で、そして江戸までは陸路の移動でした。

国書を携えた平和と善隣友好のための使節は日韓友好に大きな役割を果たしました。なお、朝鮮通信使記録物は二〇一七年にユネスコの世界記憶遺産に登録されています。

一階と二階が展示スペースとなっています。一階では、朝鮮通信使の歴史、正使・従事官・軍官の服飾の再現、通信使派遣の旅程、日韓外交の場であった倭館などのデジタル資料が展示されています。二階では、通信使が乗船した板屋船、漢陽から江戸までの主な行程の模型地図、世界記憶遺産登録に関連する資料などが展示されています。

二階展示室から屋外に出ることができます。ここに、朝鮮通信使の無事安寧を祈願する海神祭りを行った場所である永嘉台を復元しています。

一階入口側の館外には馬上才図からとった等身大のブロンズ像がありま

朝鮮通信使歴史館

通信使が乗船した板屋船

海神祭りを行った永嘉台

す。これは一七四六年の第一〇回朝鮮通信使が披露した馬上才による曲芸を描いたものから復元されたもので、その絵は対馬藩江戸屋敷での練習風景を二代目鳥居清信が描いたものとされています。

馬上才とは、疾走する馬上で倒立、横臥するなどの曲芸で、この作品は馬上才を描いた資料の中で日本人が鑑賞している唯一の資料です。

✻東莱邑城壬辰倭乱歴史館（トンネウップソンインシンウェランヨックサグァン）（釜山広域市東莱区寿安洞２０６）

地下鉄４号線寿安駅の構内に東莱邑城壬辰倭乱歴史館があります。二〇〇五年、釜山交通公社が地下鉄建設の際、その現場から朝鮮時代前期の東莱邑城の堀が発見され、発掘調査が行われました。垓字と呼ばれる城の周囲の堀からは、壬辰倭乱（文禄・慶長の役）の際、東莱邑城の戦いで犠牲となった多くの人骨や武器・武具が出土しました。そこで、壬辰倭乱の悲惨さを忘れないようにするために東莱邑城壬辰倭乱歴史館が建設されました。

正面入口には東莱邑城のジオラマ模型があります。右手に回ると小さな石

東莱邑城壬辰倭乱歴史館

積の石垣が続き、堀の様子が見て取れます。展示自体が現地の遺構をそのまま見せるように工夫されており、よりリアルに乱の惨状を伝えています。兵士たちの装備も出土遺物とともに、それらから復元された状態のものが展示されています。

また壁面には、朝鮮と日本の外交に重要な役割を務めた東莱府使の様子を描いた「東莱府使接倭図」（国立晋州博物館蔵）、東莱邑城の戦いの様子を描いた「東莱府殉節図」（蔚山博物館蔵）などの屏風絵も飾られています。

入口正面には東莱邑城の模型

鎧、兜、弓矢などの武器・武具の展示

東莱邑城の石垣

✿国立日帝強制動員歴史館（クンリップイルチェカンジェドンウォンヨクサグァン）（釜山広域市南区ホンゴク路３２０番）

地下鉄2号線大淵駅からバス利用、国連記念公園のある地域に二〇一六年一二月一〇日に開館しました。事業費五三三億ウオンを投じ、七五四六五㎡の敷地に地上七階という大きな規模のもので、四階、五階が常設展示室になっています。

「日本によって行われた強制動員の惨状を国民に広く知らしめ、正しい歴史意識を鼓吹し、人権と世界平和に対する国民教育の場を提供することを目的とした」とパンフレットには記されています。

四階では、被害者・寄贈者の記念空間、写真で見る強制動員、被害者の帰還過程、記憶のトンネル、日帝強制動員の概念など、五階では、時代の壁、強制動員の過程、帰還、日本軍慰安所、朝鮮人労働者の宿舎、炭坑などの展示が行われています。

歴史館は被害者及び遺族に対する追慕の記念施設としての役割とともに、日帝強制動員の歴史教育スペース、地域住民のための休息、文化スペースとして活用されています。

記録写真の展示

様々な資料展示

国立日帝強制動員歴史館

✻福泉博物館（ポッチョンパンムルグァン）（釜山広域市東莱区福泉洞63番地）

地下鉄4号線寿安駅から一五分ほど歩いたところに一九九六年一〇月五日に開館した福泉博物館があります。

『福泉洞博物館展示図録』によると、「福泉洞古墳群の調査内容を総合的に展示し、市民に地域文化の優秀性と重要性、さらに古代釜山地域の伽耶文化を知らせるために設置されました。福泉洞古墳群から出土した多くの遺物と墳墓の形態は未知の王国伽耶の神秘をひも解く多くの情報を提供し、隣国日本の古代文化の源流を究明できる重要な資料と評価されています。福泉洞古墳群をはじめとして埋蔵文化財に対する継続的な調査と研究を行い、釜山の歴史と文化さらに伽耶史の実態を究明することを目的としており、研究活動によって得られた成果を公開し、市民の歴史教育の場としての役割も担い、忘れられ消えてゆく韓国の伝統文化の保存と保護の先頭に立ち、地域文化が創造され発展できるよう努めていきます」とあります。

福泉博物館

東莱区の大浦山丘陵にある福泉洞古墳群は総面積四万㎡以上に及ぶ古墳群で、六世紀以前、伽耶・新羅時代のものです。宅地造成による発掘調査が開始されたのは一九八〇年一〇月で、一九八一年七月まで継続されました。一九八一年六月九日付けで史跡第二七三号に指定され、公開準備作業が並行して進められ、一九九二年に展示館工事に着工、一九九六年に釜山博物館福泉分館として開館しました。二〇一一年一月に福泉分館から福泉博物館と名称を変更して現在に至っています。

四階建ての建物の一階はロビーで、広々とした空間に椅子が置かれ、落ち着いた雰囲気です。展示室は

二階から始まります。

　第一展示室では、韓国の先史時代から三国時代の古墳文化の変遷過程が総合的に理解できるように工夫された展示が行われています。時計の逆回りで、新石器時代の甕棺墓、青銅器時代の支石墓、三国時代の木棺墓と木槨募、とくに高句麗、百済、新羅と伽耶地域の多様な墳墓の出土遺物や実物模型、映像資料などが並べられています。

　釜山東三洞遺跡の甕棺墓は長さ六〇㎝、幅三〇㎝ほどの墓壙を掘って、甕を横にした状態で見つかったもので、その大きさから乳児用のものとみられています。出土した遺物から約七〇〇〇年前頃のものとみられており、韓国内で発見された甕棺の中で最古のものです。また、この時代の遺物として玉や骨製の首飾りや髪飾り、足輪などがあります。東三洞遺跡からは一九九〇年の釜山博物館による発掘調査でヘラのような鋭い工具で刻んだ鹿の線刻画が見つかっています。

1階ロビー

　農耕文化の発達した青銅器時代には様々な墓が造られています。支石墓は韓国の青銅器時代を代表するものです。このほか石棺墓があります。この時代は日常生活では使わない、すなわち祭祀・儀礼用の土器があります。赤色磨研土器、茄子文土器、台付土器などです。同じ時代には居昌山遺跡出土の長さ一七㎝の石族や石剣があります。
　三韓・三国時代では、半島南部に成立した馬韓、辰韓、弁韓がそれぞれ百済、新羅、伽耶へと成長していったと考えられています。この時代の前半には青銅器時代後半から登場する木棺墓が一般的な墓制として見られ、甕棺墓も一部採用されています。
　焼き物としての遺物に瓦質土器があります。灰色、黒灰色、黒色などの色調で、のちに登場する灰青色

甕棺墓

復元された竪穴石室

土器の展示

環頭太刀

鳥形土器

鉄鋌

馬冑

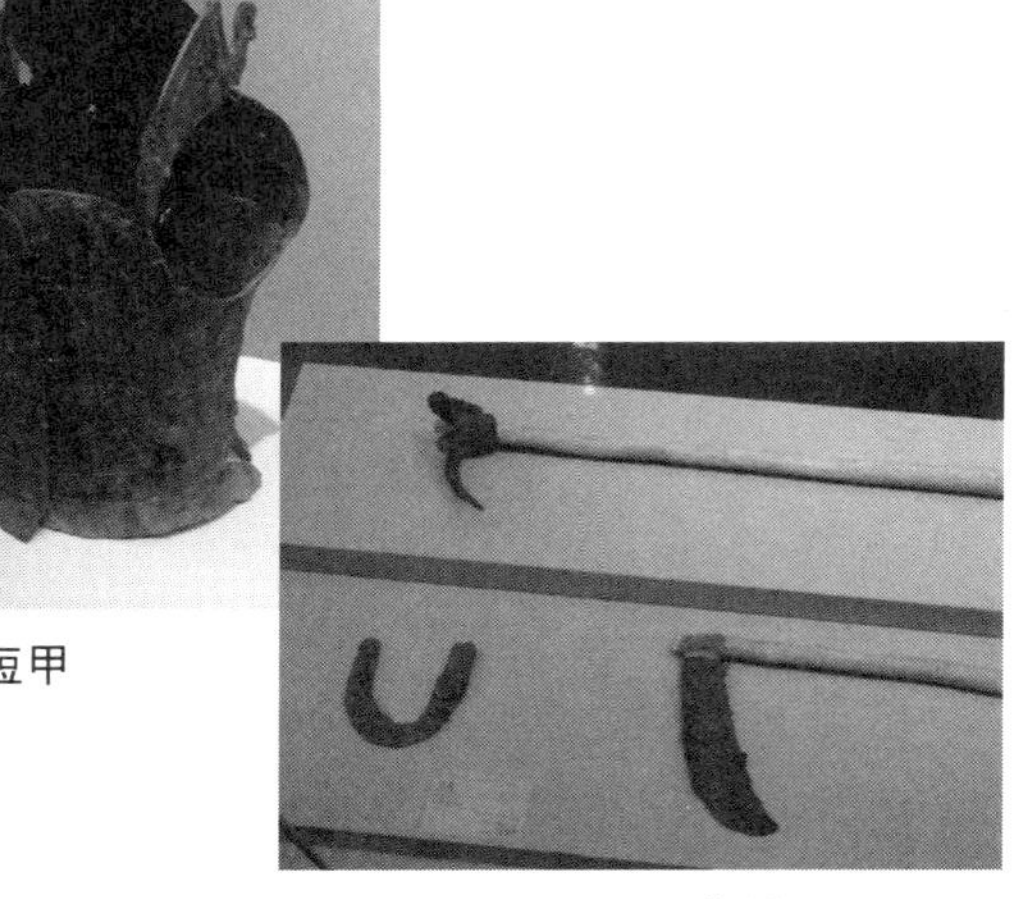

短甲

農耕具

頸甲

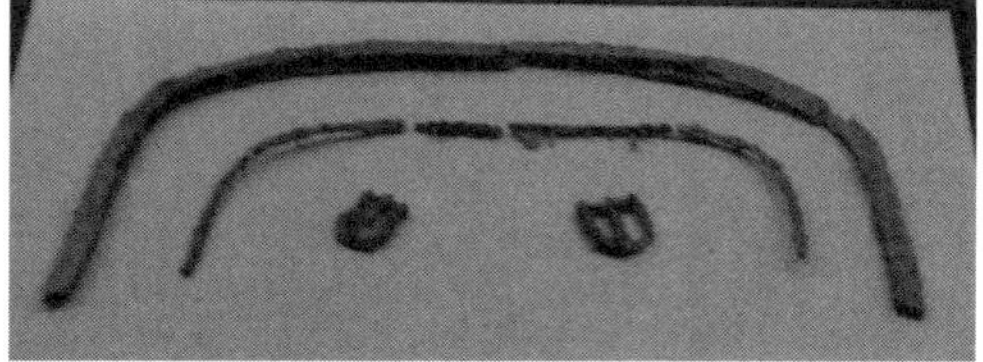

馬具・鞍金具

硬質土器より焼成温度が低く、強度が弱く、吸湿性に富む性質を持っています。釜山居昌山遺跡出土など洛東江流域の土壙墓遺跡で主として出土しています。遺物としては漆器、木器、銅矛、鉄族、鉄鎌、鉄斧などがあります。地域によっては大型甕棺墓も見られます。

三韓時代の後半に登場する木槨墓は、遺体を木棺に収めて埋葬する墳墓形態です。墳墓の立地が平地から丘陵に移り周囲の古墳より大きなものが造られ、大量の土器と鉄製品が埋葬される丘陵頂部の古墳と丘陵斜面に造られる小型古墳とに差別化されていきます。遺物には銅鼎や銅鏡、鉄器類、首飾り（ガラス玉）、炉型土器などがあります。

三国時代には高句麗、百済、新羅、伽耶と各地域で独特な墳墓が造られますが、釜山地域のこの時代の遺跡・古墳群には一九七五年槐亭洞古墳群、來城遺跡、加達古墳、華明洞古墳群、盤如洞古墳、五倫台古墳、蓮山洞古墳、杜邱洞林石遺跡、清江里遺跡などがあります。出土遺物では清江里遺跡出土鳥形土器は、頭の表現と、三本の脚、尻尾の表現などから福泉洞八六号墳出土例に近似しているとされています。

以上のほか古墳群、遺跡からの出土資料を通じて釜山の古代文化の特徴を明らかにし、一九六〇年以来続いている福泉洞古墳群の発掘成果を学ぶことができます。

三階の第二展示室は福泉洞古墳群がテーマの展示です。

まずは福泉洞古墳群の土器の展示です。製作方法と焼成状態によって大きく灰白色瓦質土器と灰青色陶質土器、赤褐色軟質土器の三種類に区分されますが、多くを灰青色陶質土器が占めています。器形では壺（四耳付壺、台付両乳灰青色陶質土器、台付壺、有蓋台付直口壺）、器台（炉型器台、小型器台、鉢型器台、筒形器台）、杯（把手付杯、台付把手付杯、高杯）、異形土器（異形器台、注口形土器、小甕、神山炉形土器、枡形杯、灯形土器、靴形土器、鴨形土器、馬頭形角杯）、外来形土器（咸安系、昌寧系、倭系、中国系）などがあります。

次に福泉洞古墳群の鉄器がテーマの展示では甲、冑、馬甲、馬鎧などの武具と鏃、刀などの武器類、さらに嶺南地域に集中する短甲があります。このほか馬具類や、鉄器の材料となる鉄鋌、製錬と関連する各種鍛冶道具などが副葬されています。

製鉄と鉄器について少し詳しく見てみましょう。

韓国に鉄器が初めて伝わったのは紀元前四～三世紀頃、その使用が本格化するのは紀元前二～一世紀であると考えられています。鉄器の製作には、まず原材料となる鉄鉱石の採掘、さらに不純物を取り除く製錬作業を経たのち、溶けた鉄を型に流し込む鋳造や加熱した銑鉄を繰り返し叩いて焼き入れをして作られる鋳造過程を経て鉄挺や板状鉄斧などの中間素材となります。

このような中間素材の形態で取引が行われるようになり、古墳時代の日本へも大量に輸出されました。鉄鋌は広い鉄板形状を成すものは四～六世紀の釜山と金海地方の大型古墳で多く出土します。大量の鉄鋌を副葬することは死者の富と権力を象徴するものでした。この傾向は福泉洞古墳群では四世紀中葉から見られるようになり、五世紀に最も流行します。製品としては農具、武器。武具が見られます。

武具では、胸と背中を保護する甲があります。縦長板釘結短甲が、福泉洞五七号墳八六号墳、一六四号墳一〇号墳などで出土しており、一定の大きさの小札を横に連結した後、再び縦に結んで上下の流動性を持つようにした桂甲は乗馬用の甲で、頸甲、臂甲、臂甲、裳甲などがあります。冑は甲とともに普遍的に制作された防具です。

馬具とは馬に乗って制御したり、飾ったり、保護するために馬に付けた各種の製品を総称したものです。馬を直接動かすための轡のような制御具と鐙、鞍などの馬に楽に乗るための装置としての安定具や杏葉、雲珠、馬鈴などの装飾具、馬甲、馬冑など保護用具があります。とくに福泉洞古墳群からは、すべての種類の馬具が出土しており、早くから優れた騎馬文化を持っていたことがわかります。

そのほか儀器性遺物（七環鈴、筒形銅器）、有刺利器（有刺利器、曲刀子）などがあります。とくに七環鈴

七環鈴

馬冑をつけた武将

土器埋葬を復元
した屋外展示

は二二号墳出土の遺物で、柄のついた円形環の外側に銀杏状の鈴が七個付いたものです。筒形銅器は三八、五〇号墳出土の遺物で、振ると音の出る鈴の一種と考えられます。これらは木製柄の先端に差し込んで使用された祭祀用の儀器と考えられています。

最後は福泉洞古墳群の装身具がテーマの展示です。耳飾り、首飾り、腕輪などがあり、純金製品より金銅製や銀製、ガラス製品が多く、水晶やメノウ、琥珀、ヒスイという宝石類も原材料として使用されました。冠は支配層の象徴的な器物であり、福泉洞古墳群では三点の金銅製冠が出土しています。

各展示室の中央には古墳群の分布状況を示すジオラマ模型や馬甲関連の実物大の馬にそれらを着用させた実物模型などがあり、理解しやすい工夫がされています。

野外展示・野外展示室

福泉古墳群は墓の立地、規模、副葬遺物において釜山を代表する古墳群であり、三国時代の四世紀から五世紀にかけて主として築造された伽耶の支配層の墳墓です。この古墳群からは八回の調査を経て一万点余りの遺物が出土しています。多くの鉄製品の遺物がみられ、とくに多様な武器と冑が多く出土した遺跡としても知られています。

丘陵端部付近に設置されたドーム状の野外展示室には、主副槨式木棺墓（五四号墳）と竪穴式石室（五三号墳）の内部の状況を発掘当時そのままの姿で展示しています。このほか、古墳の位置を明示した植栽なども丘陵部随所に見られ、実際に丘陵上を歩くと福泉洞古墳群をより深く理解することができます。

✿臨時首都記念館（釜山広域市西区臨時首都記念路45）

釜山市内中心部にある東亜大学校富民洞キャンパス横の坂道を登っていくと階段に突き当たります。この階段には朝鮮戦争時に国連軍を形成していた一八か国の国旗が植木鉢に植えられた花とともに飾られています。この階段を上ってさらに右手に行くとまもなく臨時首都記念館の正門に到ります。地下鉄1号線土城駅が最寄り駅です。

この建物は日本統治下の一九二六年八月一〇日に慶尚南道知事官邸として建設されましたが、朝鮮戦争勃発によって釜山が臨時首都となり、李承晩大統領の官邸として一九五三年まで使われました。

一九八三年に慶尚南道庁が昌原市に移転したのを契機に、これらの建物を釜山市が買い入れました。そして一九八四年に朝鮮戦争当時の資料を展示する施設として開館しました。二〇〇〇年以降、建物の復元工事、展示室のインテリア工事などを行い、二〇一二年九月には別棟の展示館もオープンしました。

記念館は、大統領官邸として使われていた当時の状況をそのまま復元することに重きを置いています。一階には応接室と書斎、寝室、居間、食堂、台所などがあり、書斎には執務をとる大統領の姿も忠実に復元されており、訪問者の驚きを誘っています。二階は、李承晩大統領の執務室として使用された場所で、現在は展示ケースに大統領の遺品や国連関係資料が

臨時首都記念館

国連軍18か国の国旗が飾られた階段

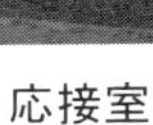
応接室

李承晩大統領の書斎

展示されています。また大統領が前線視察した際に着用した防寒コートや夫人の着用したコートも展示されています。

隣接する別棟の展示館は釜山高等検察庁の検事長公邸を改装したものです。臨時首都としての釜山と釜山の人々の暮らしや政治、経済、文化などを紹介する展示スペースに改装しました。「戦争と人々の暮らし」をテーマに、朝鮮戦争と避難民の生活などを紹介しています。避難民が寄せ集めた木片で造ったバラックの小屋や当時の喫茶店などが復元されています。

避難民が建てたバラック小屋

臨時首都記念館展示館

✤国連平和記念館（クツヨンピョナキニョングァン）（釜山広域市南区ホンゴク路３２０番）

国連記念公園にある国連平和記念館は、朝鮮戦争における国連軍の犠牲的精神を称え、世界平和への各種事業を推進するために建てられた施設です。国立日帝強制動員歴史館に隣接しています。

展示は「韓国戦争（朝鮮戦争）ホール」「国連と同盟国のホール」「国連、国際平和ホール」の三つのテーマに沿って行われています。

✤東萊府東軒（トンネプトンフォン）（釜山広域市東萊区寿安洞４２１番）

地下鉄４号線寿安駅からすぐの東萊地区は、釜山大学にも近く、学生の街、にぎやかな下町という雰囲気が漂っています。

東萊府東軒は守令（地方官）の執務所として衙軒とも呼ばれ、客舎の次に重要な官衙施設で、吏庁、武庁、郷庁などの様々な官衙建物の中心となる重要な所でした。

東萊府東軒の一部は、朝鮮時代の釜山（東萊）の行政、国防、外交、貿易業務を担っていた最上位の官衙施設であるばかりでなく、倭寇の侵入を防ぐため、近代的な邑城築造が初めて行われるなど朝鮮時代の官衙

東萊府東軒

国連平和記念館

史や文化が残されている貴重な存在で、釜山市有形文化財第一号に指定されています。かつての東軒の敷地はかなり広く、南に大門・外大門と二重の門を持つ荘厳な施設だったようですが、現在元の位置にあるのは外大門のみです。

現在、門衛に守られている門を入った正面には忠信堂と呼ぶ建物があり、左手には篤敬堂、さらに奥には厩、緩帯軒、燕染堂などの建物が復元されています。なお忠信堂建物内部には、かつての釜山（東莱）の様子を撮影した写真パネル、全体を復元したジオラマなどの展示が見られました。

✤五倫台韓国殉教者博物館（オリュンデハングツクスンギョジャバンムルグアン）（釜山広域市金井区五倫台）

釜山市街の北部、繁栄路の五倫トンネルを過ぎた先にある鉄筋コンクリート造りの二階建ての白亜の建物です。

入口から駐車場越しの方向にわずかにマリア像が見える程度で、とくにキリスト教関連施設という印象はありませんでしたが、館内に入るとすぐに大型の刑具が置かれていました。朝鮮王朝時代にカソリック信者の迫害に用いられ、十字形の笞刑台は人間を固定して笞を打つものです。このほか足鎖、鉄笞、死刑帽などの残酷な刑具が展示されています。また刑椅子と表示されている椅子があります。これは受刑者を座らせて、その上部から重量物を置いて責めるというものです。

また船のカイのようなものも多量に置かれていましたが、これは棍杖と呼ばれるもので、受刑者を叩く責め具のようです。

五倫台韓国殉教者博物館

カソリック信者の迫害に使われた刑具

このような拷問具とは別に、奥のケースには韓服のコレクションが見られます。これらは王朝内のクリスチャンが身に付けていたものでした。

十字架のアクセサリーも大小さまざまなものがあり、中には貝殻を張り付けたものも見られます。マリア像、聖杯などの法具も多く展示されています。このほか農具や文房具、茶器などの民俗文化財も多数展示されていました。

殉教博物館ということから、ここには悲しい弾圧の歴史があったのだということは十分に感じますが、ハングル文字の解説しかありませんでした。

✿梵魚寺（ボモサ）（釜山広域市金井区青龍洞５４６）

釜山市北部の金井山の中腹にある梵魚寺は禅宗の名刹で、地下鉄1号線梵魚寺駅からバスを利用します。地元ではハイキングコースとしてもよく知られています。

この寺の名前の由来は『東国輿地勝覧』によると、金井山にとても大きな石がありました。そこに井戸があり、いつも水で満たされており、その光は黄金色を放っていました。ある時一匹の魚が五色の雲に乗って降りてきて、その井戸で遊んだということから、空の国の魚という意味を込め

梵魚寺の鐘楼

て、梵魚寺というようになったということです。

この寺は新羅時代の六七八年（文武王一八）唐から帰国した義湘大師によって開創されたと伝えられています。一五九二年豊臣秀吉による文禄の役によって境内の堂宇はほとんど焼失しました。曹渓門の建物は一六一四年に妙全和尚によって建立されたもので、伽藍への進入路らある最初の門で山門とも呼ばれています。一列に並んでいる柱が屋根を支えていることから一柱門とも呼ばれています。宝物第一四六一号に指定された韓国で最も美しい一柱門とされています。

なお境内には二重の基壇の上に石で造られた三層石塔が残され、統一新羅時代の典型的な石塔様式を残すことから宝物第二五〇号に指定されています。このほか本堂に該当する大雄殿には木造釈迦如来三尊仏（宝物第一五二六号）が安置されています。なお現在の建物は妙全和尚が朝鮮時代の一六一四年に建造したもので、宝物第四三四号に指定されています。

普済楼は梵魚寺で最も大きい法堂で、大規模な法会や儀式が行われる場所です。普済というのは「広く衆生を救済する」という意味です。伝統様式に沿った大々的な再建工事が行われ、二〇一二年に完成しました。

境内には推定樹齢約五八〇年といわれるイチョウの樹があります。壬辰倭乱（文禄・慶長の役）の後、老僧の妙全和尚が植えたといわれています。長い歳月の間、実の銀杏が実らなかったのですが、約三〇〇年前に寺の向かいにイチョウの雑木を植えたところ一年に三〇俵もの銀杏が収穫されたと伝わっています。一九九〇年、スズメバチの駆除のため煙を焚いていたところ、火が木に燃え移ってしまい、今でも焦げ跡が鮮明に残っています。このイチョウは梵魚寺を訪れる多くの人々が心を込めて願いを祈る守護木として、梵魚寺の長い歴史を見守ってきてくれた長寿の木であり、大切に保存すべき保護樹です。

一柱門の右手側に立派な聖宝博物館があります。横に長い建物で、瓦葺入母屋つくりの建物で、二〇〇

一柱門

梵魚寺のイチョウ

普済楼

梵魚寺の土塀

大雄殿

三年に開館しました。寺には宝物四点、有形文化財二三点、文化財資料六点、民俗資料一点が収蔵されており展示されています。残念ながら訪問時にはカギがかけられており、見学はできませんでした。

✤釜山市立美術館（プサンシリップミスルグァン）（釜山広域市海雲台区ＡＰＥＣ路58）

釜山市街地の東部の海雲台地区は高級ホテルが建ち並ぶリゾート地として観光客に人気の場所です。地下鉄2号線ＢＥＸＣＯ駅から一〇〇メートルのところにあります。

約四年の工事期間を経て、一九九八年三月二九日に開館したこの美術館は、敷地面積二一五〇〇㎡、地上三階地下二階、四つの直方体をつなぎ合わせたようなユニークな建物が特徴です。

展示フロアは広々としており、「市民にアットホームな雰囲気の中で作品に触れることができる空間を提供するよう努力している」という説明がありましたが、どんなところがアットホームなのか残念ながらわかりませんでした。壁面には、さまざまな大きさの絵画作品が掲げられていますが、間隔も十分取られており、鑑賞者へのやさしい配慮が感じられます。展示品、所蔵品は、釜山の近現代美術、中国現代美術、シン・オクチンコレクション（日本の近現代美術及び釜山美術）、ハ・ジョンウン寄贈作品（ヘンリーミラーなどの作品一八〇点余り）、そして日本人コレクターの寄贈・寄託になる豊英コレクション（ベトナム美術）三〇〇点余りなどです。地下一階に美術情報センターと子供美術館、一階はカフェテラスと事務室、二・三階が展示室となっています。子供美術館は、未就学児童を対象に、子供の感受性と創意性を開発するため、子供目線にあわせた身近な美術館を運営するという趣旨に基づいて様々な企画が催されています。

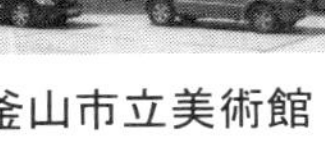

釜山市立美術館

✾国立海洋博物館（クンリップヘヤパンムルグァン）（釜山広域市影島区海岸路３０１番路45〔東三洞〕）

釜山の市街地から少し離れた影島に二〇一二年七月に開館した国立海洋博物館は、グローバルな海洋強国となるための海洋文化拠点として海洋意識の向上を図るため設立された韓国初の海洋博物館です。「海洋関連遺物の収集・研究・展示を通じて国民に総合的・体系的に海洋未来のビジョンを提示するとともに、海洋観光産業の振興のための地域経済活性化を図る」という目的があります。

建物の敷地面積は約四万五〇〇〇㎡と広く、地上四階、地下一階の近代的なデザインの建物です。展示は二、三、四階で行われています。

二階には子供博物館と企画展示室、ミュージアムショップがあります。子供博物館は未就学児を対象に、体験と展示物を通じて海と環境を理解できるように演出されています。展示テーマは「海と環境」で、南極のペンギンが家に帰るという内容の童話を通じて海と環境を体験させるというものです。

三階の常設展示は、海洋文化館、海洋歴史人物館、航海船舶館、水族館、海洋生物館、海洋体験館に分けられています。「海洋文化」のコーナーでは、漁労民俗の紹介が行われ、追い込み漁のジオラマや、それらを記録した書物、あるいは獣の骨などで作られたモリやヤスというような漁具類、竹細工の籠など様々な民俗文化財が集められています。「海洋歴史人物」のコーナーでは、歴史上の人物と海の関わりを時代別に紹介しています。

このコーナーには地球儀と天球儀が展示されています。天球儀は星と星座などを球面上に表現したもので、夜間航行の際、星の位置から方向を把握するため地球儀とセットで使用されました。いずれもイギリ

国立海洋博物館

祭礼用の船

水中トンネル

朝鮮通信使が乗った船

円柱水槽

韓国の船舶の展示

漁具の展示

建物正面には錨が置かれている

韓国の南極探検

ス地球儀製作家のニュートン家で一八四六年に製作されたものです。
「航海船舶」のコーナーでは、韓国の造船技術の展示のほか朝鮮通信使船の復元模型を見ることができます。通信使の使節団は正史、副使、従事官の三使と医者、通訳、楽士など総勢四〇〇～五〇〇人で構成され、六艘の船に分乗して日本に渡りました。復元されているのは当時最大規模の船で派手に外部を飾っています。

水族館は円柱形の水槽に魚が泳いでいます。よく見られるものですが、「博物館」の施設としては異次元の世界のように思われるかもしれません。またここには円形プール内を泳ぐロボット魚の展示があります。機械で造られた魚の形をしたロボットが両側のひれをバタつかせながら泳いでいる光景はユーモラスです。

四階は、海洋領海館、海洋科学館、海洋産業館、４Ｄ映像館に分けられています。ここには韓国の南極探検や海上基地建設の様子などが、等身大のジオラマで示されています。

館外には、海に浮かべられる赤ブイ、青ブイをはじめ、五六島灯台、虎尾串灯台、八尾島灯台、潜水艦「海洋２５０」、済州島でおなじみのテウ（筏）などの展示があり、建物正面には錨が置かれています。

✻釜山海洋自然史博物館（プサンヘヤンチャヨンサパンムルグアン）（釜山広域市東莱区禹長春路１７５〔温泉洞〕）

釜山市内の北部の山手地区に釜山海洋自然史博物館があります。およそ「海洋」と関係ないような場所です。博物館の建物の向かい側にクジラが飛び跳ねているオブジェがあり、クジラを捕獲するための銃も展示されています。

建物は四階建てのコンクリート造りで、第一館は五二一〇㎡で二〇〇三年四月に、第二館は三六九五㎡で一九九四年六月に開館しています。ホームページによると、設立目的は「海洋自然史分野の専門博物館として、失われゆく様々な海洋自然史の資料を収集して保存、分類、陳列、実験、調査、研究し、一般に展示することで海洋についての理解と関心の機会を提供し、破壊されていく海洋環境と生物多様性の保存の重要性を呼び覚ます一方、釜山を訪問する市民と外国人には、世界と釜山の海洋生物と自然を見せる場として、子供と青少年には楽しい海洋探求の場として、地域民にはゆったりした憩いの場となるためにその役割を果たそうとする」とされています。そして、博物館の任務として「世界的な海洋自然史博物館を目指す」と記されています。それでは展示室を見ていきましょう。

釜山海洋自然史博物館

第一館は、二階の特別展示室からがよいでしょう。ここでは蔚山でのクジラ漁を描いたといわれる岩に刻まれた絵画の拓本と実物の写真パネルが掲示され、そこに表現されている魚類の骨格標本が展示されています。また魚骨などでで作られた釣り針や銛（もり）をはじめ先史時代から近代までの民俗文化財の漁具も見ることができます。

次に韓国の自然科学者が編纂した書物に見られる魚類の実物標本との照合も行われており、興味深い展

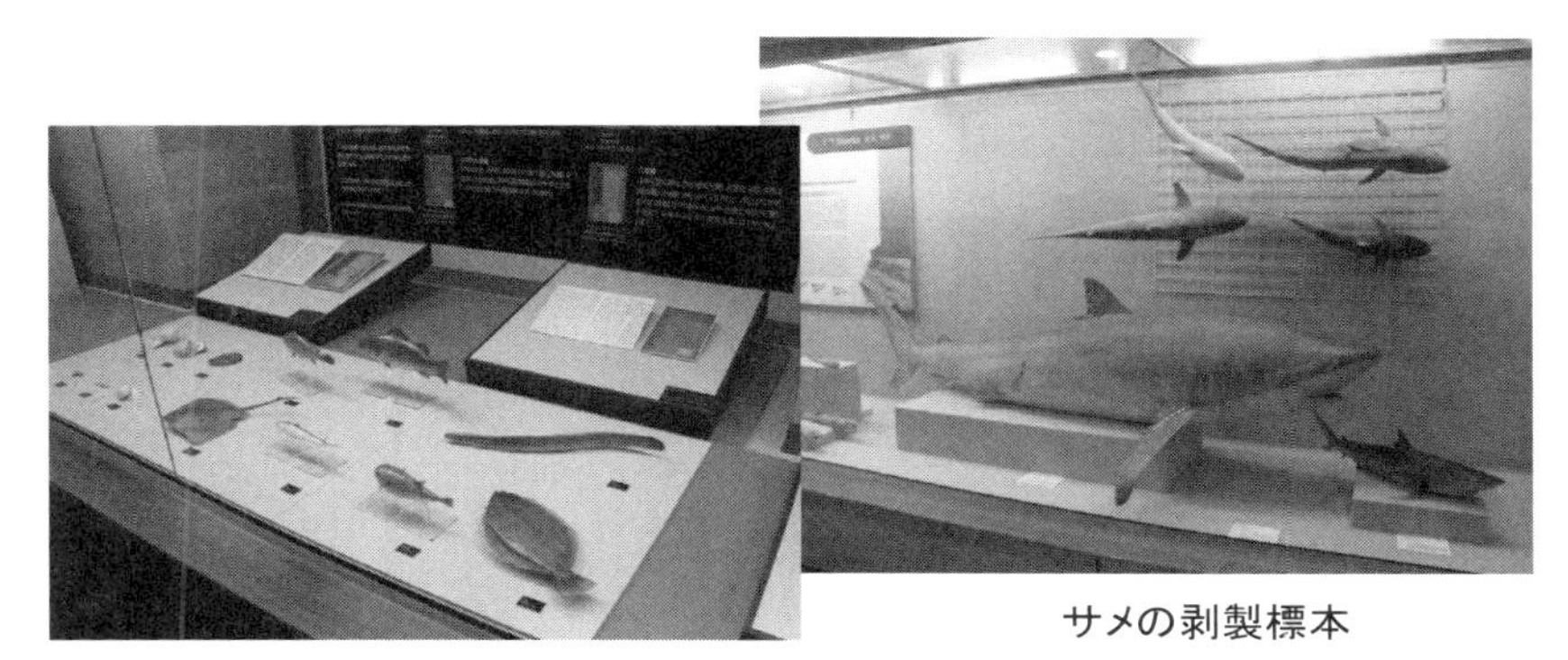

サメの剥製標本

小魚類の剥製標本

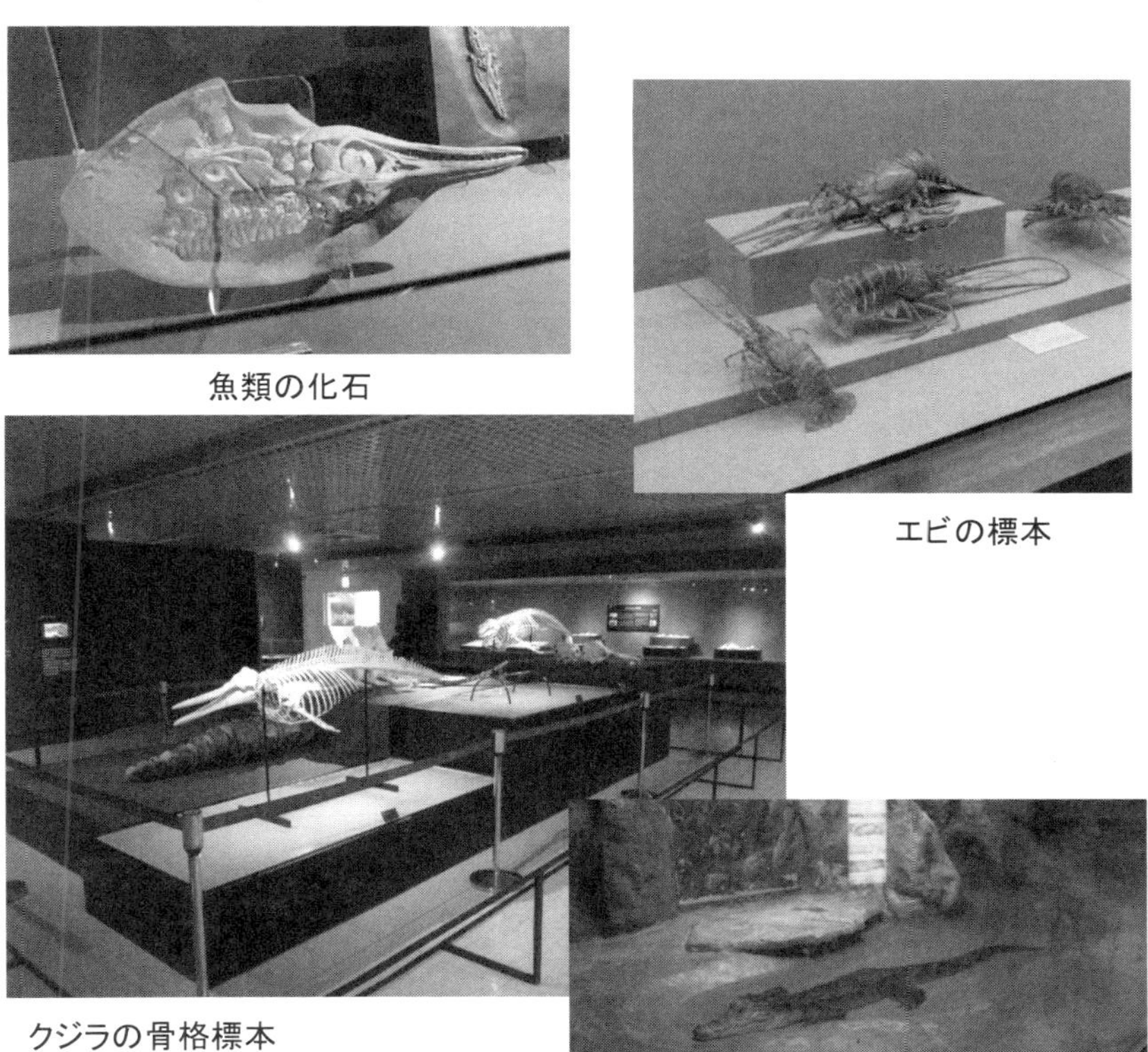

魚類の化石

エビの標本

クジラの骨格標本

ワニの生態展示

示です。なかでも、まるで生きているかのような魚の標本が並べられているのには素晴らしさを感じます。三階にはサンゴの標本が全面にわたって置かれている部屋があります。さらに大型魚のサメをはじめエイなどの標本が集められています。カニやエビなど甲殻類の種類も豊富です。とりわけ虫眼鏡を用いて見るカニや、棚いっぱいに足を広げるエビの大きさには目を見張ります。オットセイやペンギンの剥製標本が部屋いっぱいに並ぶコーナーや水鳥のコーナーなどがあります。

四階は熱帯生物探求館と名付けられています。ここにはワニや蛇などの熱帯性の爬虫類や両性類が生体展示されています。大きなガラスケースの中で飼育されているのは大型のワニやアナコンダ、アミメニシキヘビというような、見るからに獰猛な爬虫類が目白押しです。ガラスの強度が持つのかと一瞬心配になりました。四階の大半はこのような生態観察のコーナーです。

四階で第二館と連結されていましたが、訪問時には一部工事中のため詳細には見学できませんでしたが、展示ガイドによると貝類や化石などの標本などが一階から四階で展示されているようです。

＊釜山（プサン）アクアリウム（釜山広域市海雲台中1洞）

海雲台地域は、夏のシーズンには国内外から集まる海水浴客で賑わいます。釜山アクアリウムは、中国の上海やオーストラリアのメルボルンなどで水族館を運営するオセアニア・グループによって、二〇〇一年に設立された水族館です。地下鉄2号線海雲台駅から五分ほどです。

四〇〇〇坪の敷地に九九個の展示水槽があり、二五〇〇種余りの魚が飼育されています。なかでも三五〇〇トンの大海水水槽は大変な迫力があります。

釜山アクアリウム

地上入口から入り、エスカレーターで地下へ進みます。地下二階には全長六〇ｍの海中トンネルがあり、上部、左右の水槽で悠然と泳ぐ魚たちを楽しむことができます。

海中トンネル

地下一階には熱帯雨林水槽、韓国の水槽、ジャンカスペンギンの水槽、シルバーアロワナの水槽、七ｍのサンゴ水槽、タッチ水槽、サメ水槽とさまざまな水槽があります。

まずは淡水域の目玉的存在であるアマゾン川に生息するピラニアの水槽の前に来ました。ピラニアは鋭敏な感覚を持っているため水中の血の匂いを検知することができます。クリッドは、中央アメリカや南アメリカにかけての川に生息し、最大三〇㎝、寿命は一五年という長さです。オスカーという名前の魚もアマゾン川に生息し、極めて短期間で最大四六㎝にも成長するそうです。

巨大サイズの淡水魚のコーナーでは、まずパグーが目立っています。最大一〇八㎝にもなる雑食性の魚で、急速に大きくなります。アマゾン川周辺の人々が食べています。スルピーはナマズの一種で、最大一〇四㎝と大きく、これもアマゾン川で見かける魚です。虎の縞、長いひげなどが特徴です。

東南アジアに生息するナイフフィッシュも大きいものは一ｍになります。シルバー・アロワナは最大一二〇㎝、目の前に来るものは何でも食べてしまうという雑食性の魚です。またナマズの一種とされる淡水魚は一〇五㎝にまで成長するがたいていは白色のようです。

円柱形のガラスケースにはウツボ、チンアナゴなどの魚類が飼育されています。海底の砂地からにょきにょきと頭から身を乗り出す独特のポーズをとっているのがチンアナゴです。この魚は砂地に住み五〇㎝前後に育ち、プランクトンを捕食します。よく似た魚にコンピクトプレニーがいますが、どちらも三四㎝

ウツボ

クリッド

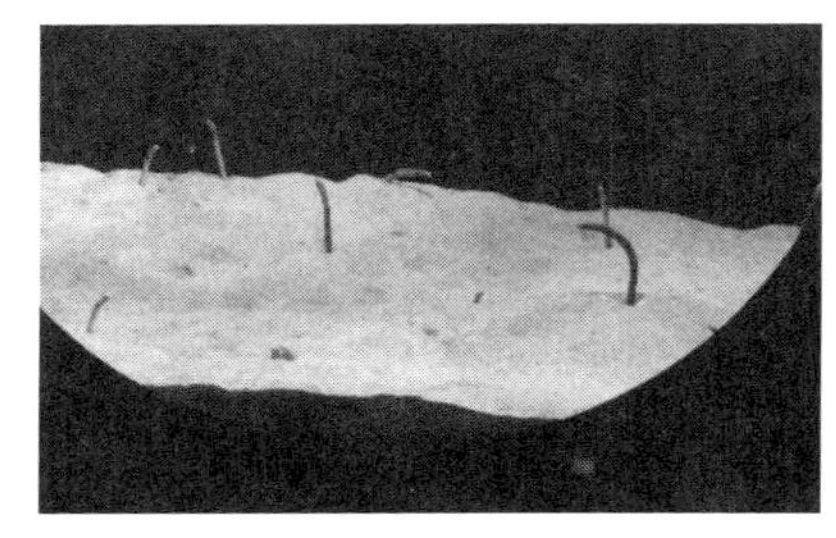

チンアナゴ

シルバーアロワナ

サメが泳ぐ水槽

前後に生育します。

フィリピン海に生息する魚として紹介されているものは、九㎝前後でカラフルなメダイやソラスズメダイのほかミツボシクロスズメダイ、リュウキュウスズメダイなどがいます。

カメでは、二二～二三㎝前後に生育するキバラガメ、やはり二〇㎝前後になるニッポンスッポンがいます。

ウツボ科の魚は、ふだんは浅い岩礁の裂け目に住みも頭だけを突き出して時々口を大きく開けています。これは呼吸しているのです。コケウツボは、最大七〇㎝になります。

タマカイはインド洋から太平洋にかけてのうちペルシャ湾を除く海域に広く分布しています。たいてい浅い海で生活し、様々な海洋生物を餌にしています。小さなサメやウミガメの子なども食べてしまいます。幼魚にはクロと黄色の不規則な斑点があり、成魚は緑灰色から緑褐色で薄いまだら模様があり、ひれには多数の小さな黒い斑点があります。

サメが放たれている水槽では、運が良ければ餌付けを見ることができます。このほかペンギンやカワウソも飼育されています。

地下三階に降りると、海底近くを泳ぐ様々な魚を観察できます。

見学を終えたら地下一階のミュージアム・ショップを楽しむのもよいでしょう。ここにはお土産品や簡単な食事のコーナーもあります。また、韓国国内で最初に設置された３Ｄ映像の立体画面と立体音響による迫力ある体験ができるコーナーもあります。

✤釜慶大学校博物館（プギョンテハツキヨパンムルグアン）（釜山広域市南区大淵４３０）

釜山駅から地下鉄一号線に乗り西面駅で二号線に乗換え慶星大学・釜慶大学駅で下車します。そこから約一五分南に歩くと国立釜慶大学校に到着します。大学正門からまっすぐに校内を進み、最初のロータリーで左折、少し進んだ右手、広い学内敷地のほぼ中央部に博物館の建物があります。

釜慶大学校は、釜山の水産業の発展のために一九四一年に創立された官立の釜山高等水産学校が、一九四六年に釜山水産大学となり、一九九〇年に国立の総合大学となります。一方、一九二四年に創立された釜山公立工業補習学校は、一九九〇年に国立釜山工業大学校となり、一九九六年七月に旧釜山水産大学校と旧釜山工業大学校の両校が統合し、国立釜慶大学校として新たに発足しました。現在、人文社会科学大学、自然科学大学、経営大学、工科大学、水産科学大学、環境・海洋大学のほか大学院を擁する総合大学です。

一九八四年五月に開館したこの博物館は、釜山の地域文化の継承と文化遺産に対する理解を深める社会教育機関としての役割を担う大学博物館です。

釜慶大学校青雲館の一、二階合わせて一六九五㎡の広さです。展示室の他に収蔵庫や学芸研究室、保存処理室などの研究施設を備えています。

二階には博物館で調査した考古・歴史資料を展示した先史・考古室、大学博物館では唯一の海洋・水産資料を展示した海洋水産室、漁船漁具室、歴史民俗室、魚類標本室があります。その他にも各種資料を発掘・収集して研究、展示を行っています。とくに海洋水産関係資料は充実しており、もともと釜山水産大学であった時代の資料として、魚類の剥製標本や船舶模型などユニークな資料も展示されています。

二〇〇七年には一階に大学歴史展示室を開館して釜山最初の国立大学である釜慶大学校の足跡とビジョ

釜慶大学校博物館

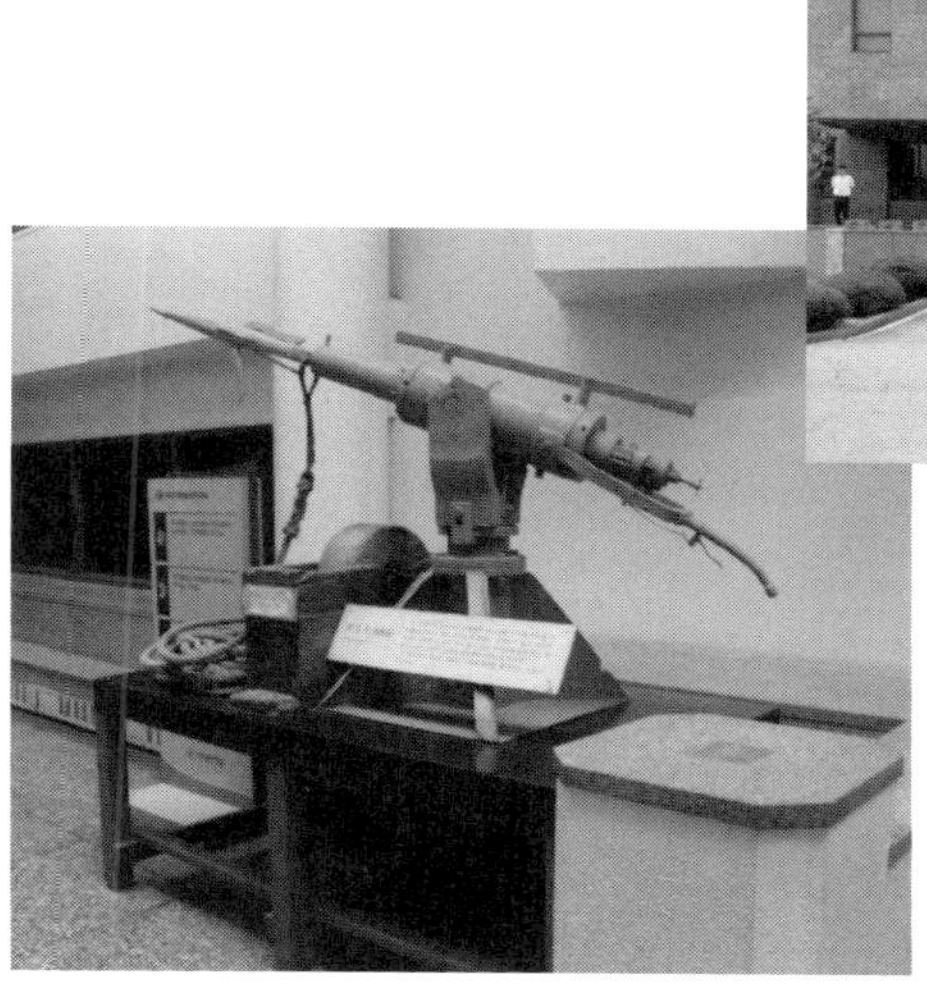

ロビーに展示されている
捕鯨用の銃

魚類の標本

シーラカンスの標本

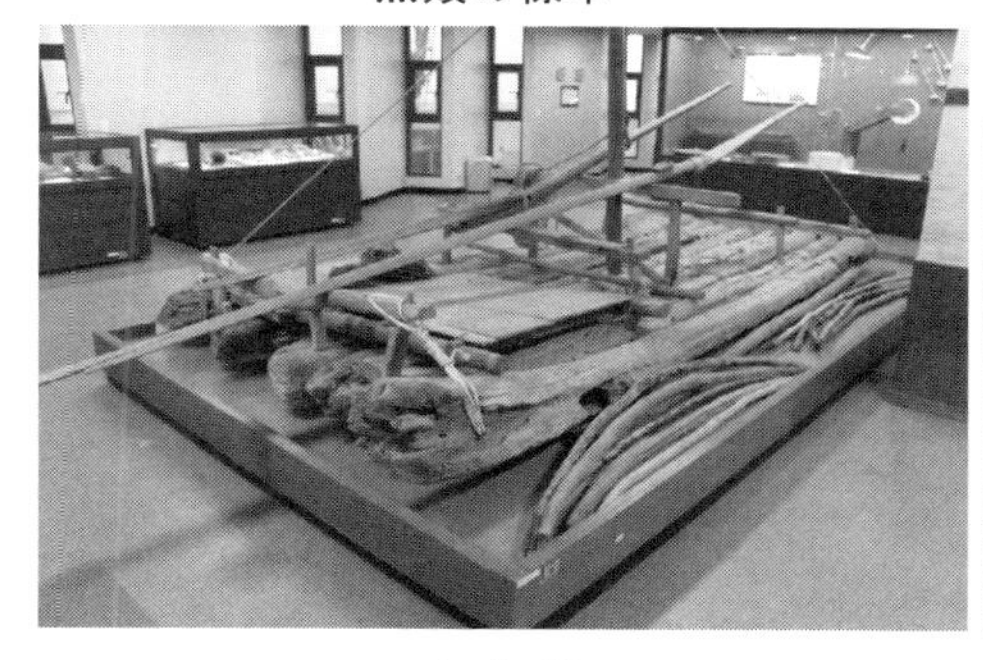

いかだ

馬　　冑

ンに関する展示も行っています。

近年では考古学の発掘調査も行われており、考古資料も増加しつつあり、その成果に基づいた展示も行われています。

収蔵資料は埋蔵文化財一四二一点、海洋生物三七四点、魚類標本一一五二点、漁具漁船二八七点、海洋船舶五五点、校史資料四〇一点など、三〇〇〇点を優に超すものとなっています。

大学博物館という名前に相応しい専門的な学術研究と文化財専門担当者養成機関としての役割を担うとともに、大学構成員および地域住民を対象に博物館文化学校と視聴覚教育、遺跡踏査、拓本実習など容易で興味を誘う各種教育文化プログラムを通じ、誰でもが参加できる開かれた空間としての機能も兼ね備えた博物館となっています。

✻東亜大学校博物館（トンアテハッキョパンムルグァン）（釜山広域市西区富民洞2街1番地）

東亜大学校は一九四六年創立の釜山、慶尚南道地域を代表する名門私立大学です。

博物館の設立は古く一九五九年まで遡ります。当初は中央図書館の三階に陳列室を用意して博物館として開館しました。一九六六年には、九徳キャンパスに博物館を移転。そして二〇〇九年、現在の場所へと移転、開館しました。釜山市内の中心部、地下鉄土城駅に近く、交通至便の地にあります。

現在の東亜大学校博物館の建物は、一九二五年、日本の植民地時代に

東亜大学校博物館

金銅仏

甕　棺

竣工された赤レンガ造りの三階建てで、朝鮮戦争時（一九五〇年〜一九五三年）には釜山臨時政府庁舎、その後、慶尚南道庁そして釜山地方検察庁として利用されてきました。二〇〇二年に登録文化財の指定を受け、その建物を近代遺産として趣を損なうことなく改装し、大学博物館として利用しています。

延べ建坪四五〇四㎡、地下一階、地上三階で、二階と三階が展示室です。考古室、陶磁室、瓦塼室、仏教室、書画室、民俗室、臨時政府庁舎記録室などがあり、特色ある遺物や作品が展示されています。三階には、臨時首都政府庁舎の模型や屋根瓦、屋根組み構造など庁舎に関係する資料が展示されています。またこれ以外に特別陳列室、セミナー室、資料整理室、研究室、保存処理室などの附帯施設もあります。

東亜大学校博物館では、遺跡の発掘調査も盛んで、多くの重要遺跡の調査も実施されてきました。中でも有名な遺跡としては、釜山福泉洞一号墳、固城松鶴洞古墳、泗川勒島遺跡、梁山夫婦塚古墳等を挙げることができます。

考古資料としては、福泉洞一号墳から出土した馬の頭部をあしらった角杯は特に有名な一品です。さらに、固城松鶴洞古墳は一九八〇年代に韓国で初めて前方後円墳かと考えらえた重要遺跡で、当時この発見は、日本でもセンセーションをもって報道されました。調査の結果、円墳が連接したものとの調査結果になりましたが、横穴式石室や石槨など数多くの埋葬主体を検出、日本からもたらされたと考えられる須恵器などが出土し関心を集めました。日本の古墳文化との関りで注目を集めた古墳です。梁山夫婦塚古墳周辺部の調査で発見された古墳群からは、金で作られた鳥足が出土したことから、金鳥塚と名付けられました。

このように、日本でも良く知られた遺跡、考古学ファン垂涎の的とも言える資料が目白押しです。

それ以外の美術・工芸作品も充実しており、国宝二点、宝物一四件五四点、重要民俗文化財四件、登録文化財二件、地方有形文化財一一三件、地方文化財資料七件、民俗文化財一六件、地方記念物一件といった指定文化財も数多く保有しています。博物館所蔵品は、その総数三万点に及ぼうとしています。このうち二件の国宝は、朝鮮太祖李成桂が一三九二年から一三九五年まで朝鮮創建に寄与した原従功臣に功臣の封爵を下賜した録券である開國原従功臣錄券、そしてもう一つは、昌徳宮や昌慶宮などの宮廷全体が描かれた宮闕図です。

釜山市内も昔と異なり瓦葺きの建物は少なくなりました。韓国近代史のなかで大きな足跡を残す瓦葺きの旧釜山臨時首都政府庁舎は大学博物館として新たな命を与えられ、その背後には現代建築の学び舎が聳え、見事なコントラストを示しています。近代と現代が混在する東亜大学校富民洞キャンパスは、一度は訪れてみたい釜山の隠れたスポットです。

日本の植民地時代の建物に使われた瓦

✾慶星大学校博物館（キョンソンテハッキョパンムルグァン）（釜山広域市南区水営路３０９（大淵洞））

慶星大学校は釜山市南区に位置する私立大学で、博物館は一九七二年三月に開館しました。慶星大学校博物館へは地下鉄二号線慶星大学・釜慶大学駅下車、すぐ北側が慶星大学校のキャンパスです。正門を抜け、急な坂を上がると左手奥に見える建物が文化館（二二号館）で、博物館はこの建物の一階と二階にあります。総面積一四一八㎡（展示室は三八三・四㎡）の規模です。

一階には総合展示室と学芸研究室、二階には遺物整理室と遺物収蔵庫、保存科学室、資料室などが付属施設として完備されています。また、博物館の屋外にはいろいろな石造物が野外展示されています。

この博物館は「伽耶文化の究明」が大きな特色で、その中心研究機関として伽耶遺跡の発掘調査に力を注いできました。伽耶文化の歴史復元に必要な重要資料の調査研究そして収集・保管・展示を行うことで古代史、とりわけ伽耶史研究において中枢的な役割を果たしています。また、民俗資料の収集・保管・展示にも力を入れており、伝統文化の継承と保存のための努力も払われています。

展示室では、各種の遺物を通じて先史時代から近代までの歴史と文化を体系的に把握できるよう配慮がなされ、とくに、三国時代金官伽耶の発掘遺物と朝鮮時代から近代に至る民俗資料が中心になっています。

慶星大学校博物館では、重要な伽耶遺跡の発掘調査も行ってきており、その成果が展示の核となっています。調査成果は随時、展示に反映され最新の資料を見る事ができます。

博物館が調査を行った遺跡の一つとして、日本でも著名な金海大成洞古墳群が挙げられます。金官伽耶の重要遺跡で、そこから出土した遺物の中には、筒形銅器、巴形銅器、石製磨製鏃と言った日本列島の古墳時代とも密接に関連する出土品が含まれており、日本でも大きな話題となりました。大成洞古墳群から出土した土器類は大量で、展示品にも数多く並べられています。精緻で美しい伽耶土器の数々を堪能することができます。それと共に、数多くの武器・武具類や美しい装身具など、伽耶文化を代表する出土品が我々を魅了します。

また、民俗文化財も充実しており朝鮮時代から近代に至る庶民の衣・食・住にかかる道具類を通じて、当時の生活像を生き生きと感じさせます。博物館所蔵品は、専門の研究者のみならず一般学生も利用し、学問研究の目を後押ししています。また一般市民教育の一翼をも担っているとも言えます。

✾東義大学校博物館（トンウィテハツキョパンムルグアン）（釜山広域市釜山鎮区伽耶洞山176）

東義大学校は釜山の中心地からやや西側に位置する私立大学で、一九六六年に設立された東義学園にはじまり、一九七六年設立の慶東工業専門学校を母体として、一九七九年東義大学に改編され、一九八三年総合大学東義大学校となりました。博物館のある伽耶キャンパスは地下鉄2号線東義大学駅から循環バスが利用できます。

博物館は図書館の建物八・九階にあり、一九八六年五月開館以来、大学博物館としての機能と役割を果たすため様々な事業を進めてきています。特に釜山を含む慶南地方の先史並びに伽耶文化の調査、研究、保存等を積極的に行い、伽耶文化圏の研究機関として重要な位置を占めています。

博物館では、釜山・慶南地域の様々な遺跡の発掘調査を行ってきています。二〇〇六年時点で二五回にもわたる大小の発掘調査を実施しています。発掘調査で得られた考古学的、歴史的資料は、当時の歴史や文化を復元する上で重要なものです。一九九〇年から一九九六年まで継続して実施した金海良洞里古墳群の発掘調査は、洛東江下流域の伽耶社会構造の一端が明らかにできた点で極めて重要な資料として良く知られています。博物館の展示もこの良洞里古墳群の出土品が大きなウエイトを占めています。

収蔵資料は釜山・慶南地域の考古・美術資料が中心となっていますが、この地域から出土した新石器・青銅器・三国の各時代にわたる資料は、その大半が発掘調査を通じて収蔵されたもので、学問的価値が高い資料群となっています。現在までに発掘調査や寄贈などを通じて収集された資料は八〇〇〇点余りに達しています。

✾釜山大学校博物館（釜山広域市金井区大学路63番ギル2〔長箭洞〕）

地下鉄1号線釜山大学駅で下車し、山手に向かって一〇分程度で釜山大学校に着きます。さらに行くと古めかしい二階建ての建物があります。石造りで風格ある建物で、墨痕鮮やかな「博物館」という木製の看板がかかっています。周囲の建物とは一見して違っているのでよくわかると思います。

釜山大学校は韓国の国立大学の一つで、一九四六年五月に水産学部、人文学部で設立され、やがて一九四七年に水産学部は釜山水産大学（現在の釜慶大学校）に分離し、その後も合併、分離を繰り返し、現在は一七学部の総合大学となっています。博物館は学術研究の推進と社会教育を通じての地域貢献、地域文化開発のため一九六四年に設立されました。

釜山大学校博物館

展示室は一階と二階に分かれており、先史時代から朝鮮時代までの歴史と文化を体系的に理解できるように、更には釜山地域に根ざした古代文化について具体的に示すため、一階は総合展示室、二階は伽耶文化展示室と二つの展示室に分けて展示が行われています。

総合展示室では、先史時代（旧石器～青銅器時代）、歴史時代（三韓～統一新羅時代）、高麗～朝鮮時代という時代の流れに添って、それぞれを代表的する資料が展示されており、韓国の歴史を通史的に概観し、人類出現以後朝鮮時代に至るまでの文化変遷を理解できるように配慮されています。展示品の多くは博物館が主導した発掘調査資料が展示されている点も大きな特徴です。

二階の伽耶文化展示室では、伽耶文化を特徴づける鉄と様々な伽耶土器と、三国時代の豊富な鉄資源を基盤として、極めて強力な勢力として成長を成し遂げた伽耶文化をメインに据えた展示が行われています。

とくに博物館が長年にわたって発掘調査を行い研究の蓄積を持っている釜山・金海地域の重要遺跡である釜山福泉洞古墳群や金海礼安里古墳群出土品は見応えのある品々と言えるでしょう。

また、発掘調査や遺物整理作業で用いられる様々な道具や、過去から現在まで継続的に刊行している調査報告書が一〇〇冊以上並べられています。これらは一朝一夕にしてなるものではなく、伝統ある大学の考古学研究活動があっての業績です。

伽耶の遺物

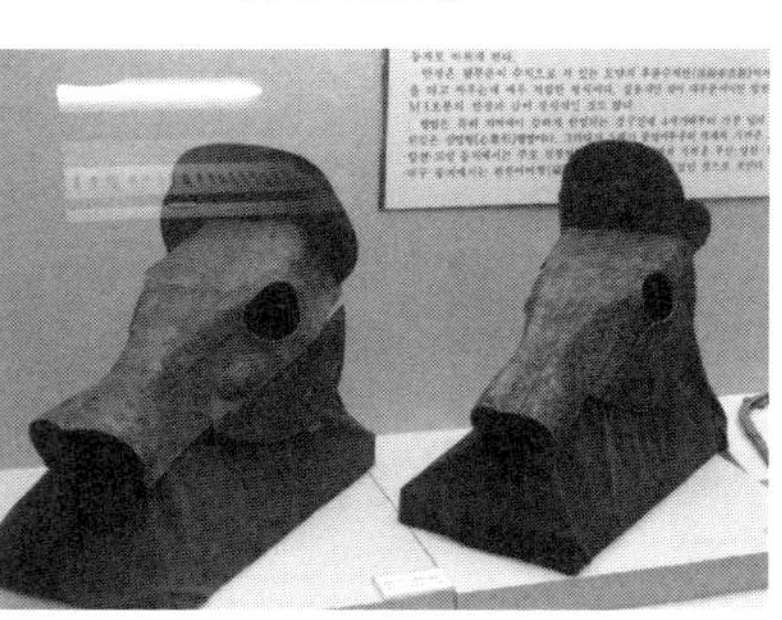

馬　冑

三韓時代の軟質土器

✤新羅大学校博物館（シンラテハッキョパンムルグァン）（釜山広域市沙上区ペックヤンデロ大路７００番ギル１４０〔掛法洞〕）

新羅大学校は大韓民国の私立大学の一つで、一九五六年設立の釜山女子大学塾から始まり、一九六九年には釜山女子大学、一九九二年に釜山女子大学校に昇格し、一九九八年に男女共学となり校名を新羅大学と変更し現在に至ります。学部構成は人文社会科学大学、商経大学、医生命科学大学、ＩＴ・デザイン大学、工科大学、師範大学、芸術大学、教養課程大学からなります。

博物館は一九八四年に開館し、地元である釜山、蔚山地域はもとより、慶南各地域を中心とした数多くの遺跡について地表調査、発掘調査を実施してきました。これらの調査を通じて得られた資料を整理・活用しその成果を広く公開、展示しています。調査を実施した遺跡については学術研究報告書を刊行し、地域社会にも文化遺産への理解を進めるべく社会教育にも力を注いでいます。

所蔵品としては、中石器時代から高麗時代まで各時代に亘る石器類、土器類、金属器類など一万八〇〇〇点にも及ぶ多くの遺物が保管されています。これらの資料は、博物館による学術調査によるもので、資料的価値が高い点も重要です。中でも特に重要な資料として、居昌任佛里から出土した細石器と櫛目文土器、居昌任佛里天徳寺址で出土した金銅菩薩立像、山清中村里古墳で出土した高杯、山清地表収集の磨製石剣、昌原三東洞甕棺墓出土甕棺などが挙げられます。

慶州（キョンジュ）

慶州は慶尚北道に属し、日本海に面した歴史文化観光都市です。ユネスコの世界遺産に三件も登録されており、地域全体が文化財にあふれた遺跡地といっても過言でなく、世界各地から観光客が訪れています。日本人にも「古都慶州」は人気があります。

三韓時代には辰韓に属し、三国時代には新羅国の王都として政治・文化の中心になりました。世界遺産は、まず一九九五年に「石窟庵と仏国寺」が登録され、二〇〇〇年には膨大な遺跡群が「慶州歴史地域」として、さらに二〇一〇年には市の北部江東面にある両班の伝統的民俗村である「良洞村と安東河回村」がともに登録されました。

二〇一〇年、新幹線ＫＴＸの東大邱・釜山間が開通し新慶州駅が開業したため、釜山からは二八分、ソウルからも最速二時間一〇分になりました。高速道路も整備され、主要都市との間を高速バスが走っています。

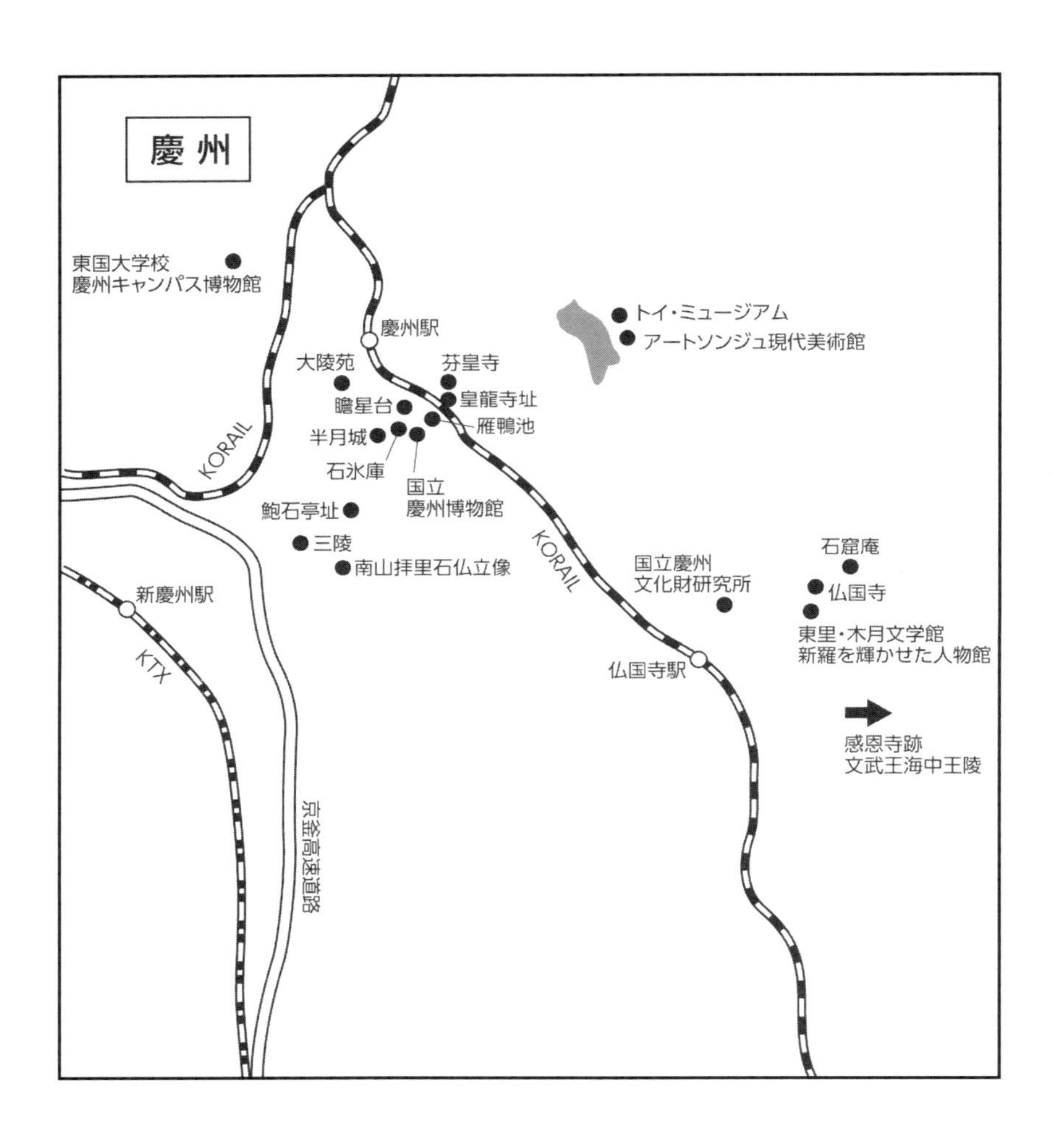
慶州
東国大学校
慶州キャンパス博物館
慶州駅
トイ・ミュージアム
アートソンジュ現代美術館
大陵苑
芬皇寺
瞻星台
皇龍寺址
雁鴨池
半月城
石氷庫
国立
慶州博物館
KORAIL
鮑石亭址
三陵
南山拝里石仏立像
KORAIL
国立慶州
文化財研究所
石窟庵
仏国寺
東里・木月文学館
新羅を輝かせた人物館
新慶州駅
KTX
仏国寺駅
感恩寺跡
文武王海中王陵
京釜高速道路

✿国立慶州博物館（クンリップキョンジュパンムルグアン）（慶州市日精路186）

国立慶州博物館は新羅千年の古都慶州の中心地域に位置しており、新羅の文化遺産を一目で見回すことができる韓国を代表する国立博物館の一つで、その始まりは総督府博物館慶州分館にあります。現在の博物館敷地中央に位置している考古館は、博物館の中でも最初に建設されたものです。

博物館の建物は大きく四つに分かれています。まず中心には一番古い建物でもある考古館、その東側に特別展・企画展を行う特別展示室、その南側に一番新しい建物の美術館、敷地の一番南西側に雁鴨池館があります。

国立慶州博物館

半月城のすぐ南側にある入口を抜けると、すぐ右側にはミュージアム・ショップが置かれています。ここでは慶州に関わる様々なガイドブックや展覧会の展示図録、そして慶州博物館が実施する多くの発掘調査などの調査研究資料などが販売されています。日本語の展示図録も完備されており、見学に際しての一助となるでしょう。

ここから先に進むと正方形の建物である考古館に行きつきます。考古館展示室は階段を上がった二階部分で、一階は研究室などになっています。展示室は、慶州地域を中心とした先史時代から古代中世に至る様々な考古資料が展示されています。特に、新羅古墳を代表とする皇南大塚や天馬塚などの古墳から出土した金製の煌びやかな冠や容器類があります。

皇南大塚や天馬塚から出土した王冠を見ておきましょう。最大の王冠は天馬塚出土のもので高さ三二㎝

あります。次いで北墳から出土したものは二七・五cmあります。金冠塚古墳出土のものとほぼ同じです。三例とも似た王冠ですが、付属する装飾に僅かな違いがあります。皇南大塚や天馬塚の王冠は五世紀、金冠塚ものは五世紀末から六世紀とされ、いずれも新羅の王のものと考えられています。このほか金製の冠帽や蝶形冠飾り、翼形冠飾りなどをはじめ、西方からシルクロードを通じてもたらされたガラス器など重要遺物が目白押しです。大量の鉄器類や土器類等、新羅古墳でも王陵クラスの古墳に納められた副葬品の圧倒的なその質と量には目を見張るものがあります。

新羅土器と呼ばれる陶質土器の形状や種類は様々なものがあります。例えば両方に車輪がある壷形土器、草履型土器、角杯とそれを置く台、鴨形土器、車形土器、瑞獣形土器、装飾付き壺、家型壺、多くの杯が連なった多連壺、桃形杯、燈盞、俵壺、土偶装飾長頸壺などがあります。とくに車形土器、草履型土器などは同時代に具体的な使用例が明らかなものですが、瑞獣形土器などは抽象的な想像の世界のものです。また土偶装飾長頸壺は、通常の長頸壺の頸、琴を弾く人物やカエル、蛇などの動物を肩部に置いたもので、見て楽しくなります。また体部、肩部には新羅土器特有の独特な幾何学文様も見られます。

美術館には、新羅美術の粋を誇る多くの仏教彫刻など迫力ある作品が並んでいます。日本の中宮寺にある半跏思惟像とよく似た金銅仏や石造三尊像など一級品の仏像群が出迎えてくれます。

展示物の中で少し様相の異なる異次頓供養塔についてふれておきます。それは方形の台座の上に六角形の柱が据えられている単純な形のものです。側面には細かな文字が刻まれています。そこには、新羅に仏教が伝来した時、廃仏、崇仏論争が起こったのですが、自らが犠牲となって崇仏の方向へ向かわせた異次頓という僧侶にまつわる話が刻まれているのです。

『三国史記』によると、新羅に仏教が伝わったのは訥祇王の時代（四一七〜四五八）で、僧墨胡子が高句麗から新羅の一善郡の毛礼の家に来ていました。新羅はこの時梁の国から香物をもらっていましたが、そ

盤亀台岩刻画

土偶装飾長頸壺(考古館)

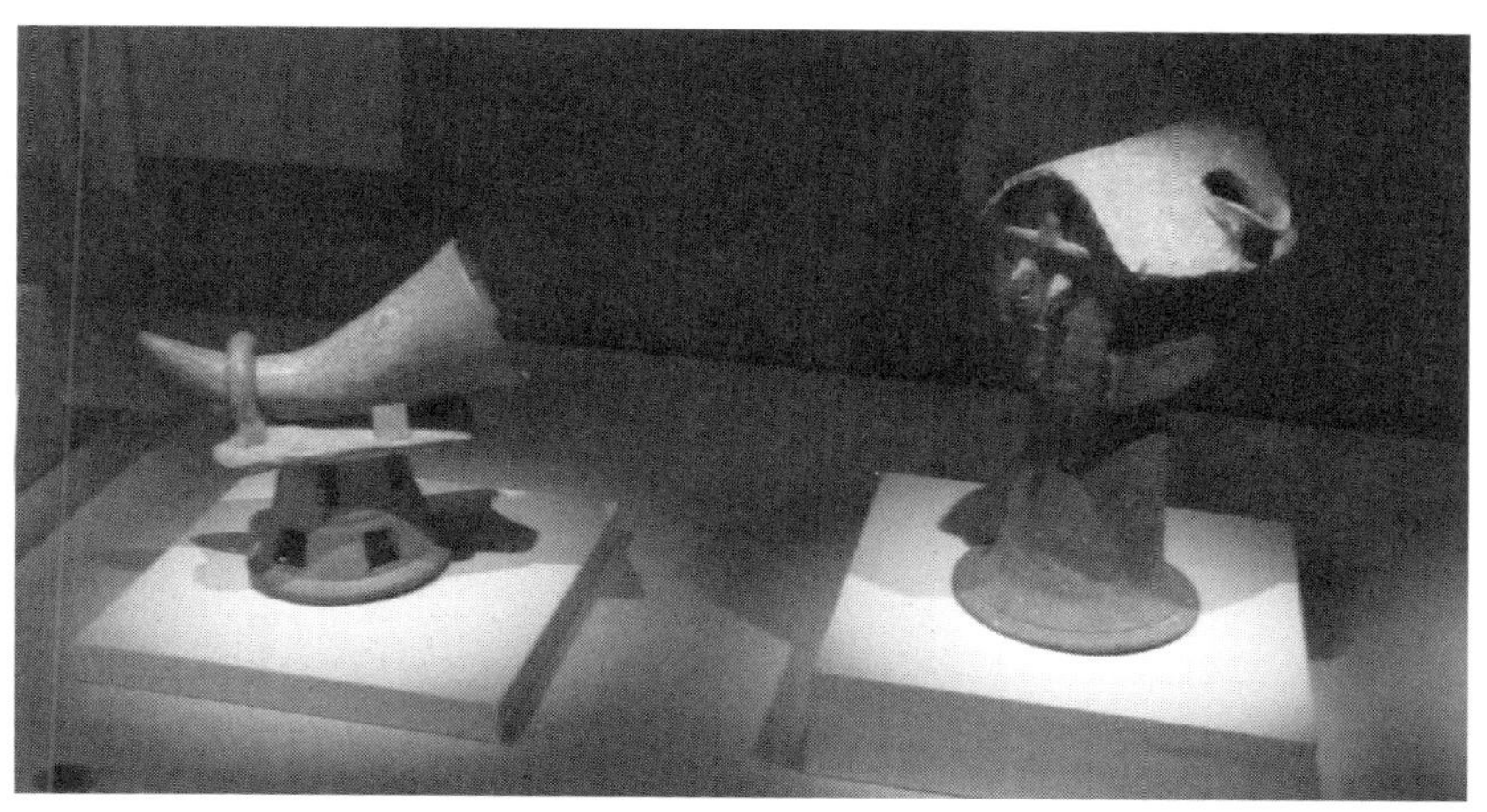

角　杯　　　　　　　　家型土器

石仏頭

青銅仏像

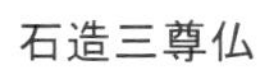

石造三尊仏

異次頓供養塔

金銅仏

雁鴨池館

櫛

木製の船

錠　前

硯

炊飯具

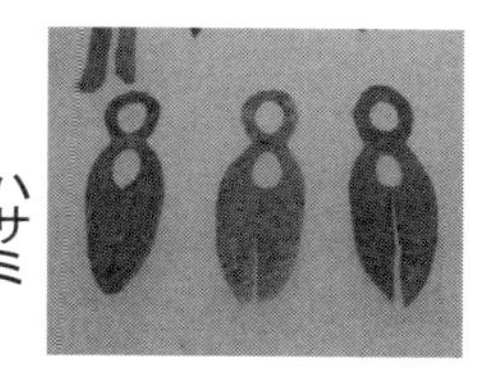

ハサミ

の名も使い方も知らなかったので、墨胡子がその名と使い方を教えました。この時王女の病気が悪化したので墨胡子が香を焚き祈祷を行ったところ王女の病気は忽ち回復しました。しかしその後の墨胡子の行方はわかりませんでした。やがて昭知王の時代（四七九～五〇〇）に阿道和尚が弟子三人とともに一善郡の毛礼の家にやってきました。数年後に和尚は亡くなりましたが、三人の弟子の努力により仏教が広まっていきました。法興王は仏教を公認しようとしましたが、貴族たちの反対にあいます。そこで近習の異次頓が見かねて次のような問答をします。

異次頓「どうか私を切って反対派に仏教を公認させてください」

王「本来仏教を広めようとしているのに、罪もないものを殺すのは誤りである」

異次頓「もし仏教を行えるようになるのであれば私は死んでも残念だとは思いません」

そこで王は群臣を集めて仏教公認のことを諮問した。貴族たちは反対論が大勢を占め、なかにはどのような重罰を受けてでも反対するという意見も見られました。王は、ひとり異なった意見を主張する異次頓を捕らえさせた。まさに処刑されようとする時、異次頓は「自分は掟に従って刑罰を受けるが、仏にもし霊験があるのであれば必ず異変が起こるであろう」と言った。やがて異次頓が斬首された時、切り口から湧き出た血の色は白く、まるで乳のようであったという。群臣たちはこれを見て驚き、怖れ、以後仏教の公認を妨害するものはいなくなった。

この崇仏、排仏論争、抗争は『日本書紀』にも見られる事件であり、共通する話題が両者に存在することは不思議な因縁ともいえます。

雁鴨池館は、雁鴨池の発掘調査で出土した遺物を展示する建物で、土器、金属器、木製品など多様な出土品を通して当時の宮殿の生活を垣間見ることができます。展示されている出土品のうちのいくつかを紹介しておきましょう。

まず館の中央には木製の船があります。おそらく池に浮かべていたものでしょう。仏像では高さ二七㎝の金銅板菩薩坐像、高さ一四㎝余～三四㎝の小型の金銅如来立像をはじめ堂内の荘厳に用いたと見られる金銅飛天像、金銅三尊像、同天人坐像、同舎利将来像などがあります。このほか、いろいろな大きさや形のハサミ、灯火を灯すために用いられたとされる特殊な用途のハサミもあります。また、鍵（錠前）、獣の脚を周囲にあしらった獣脚円面硯土器、円面硯などが見つかっています。また調理用の炉、蒸し器である甑、そして匙、銅椀、皿、漆器という食事に関する遺物、紡錘車、土錘、管玉、類、ヒスイ、玉、貴石類などの衣料装飾に関係するもの、瓦、飾り金具などの建築材などが出土しています。

このように、国立慶州博物館の展示品には近隣の遺跡から出土したものが数多くあります。遺跡の多くは博物館から近い距離にあるので、実際の遺跡を見学するのも容易です。そういう意味で、慶州博物館は慶州地域の遺跡全体をカバーしたサイトミュージアムとしての機能も兼ね備えていると言えるでしょう。また、慶州博物館は子供博物館をはじめとするいろいろな教育プログラムも運営しています。

博物館の野外には石仏、石塔、亀趺などの大型の石造物が並べられています。今はダム湖の湖底に水没している高仙寺址にあった最大級の三層石塔や、正倉院や法隆寺伝来の錦にも見られる連珠文を施した樹下孔雀文の石造レリーフなど、重要な資料も置かれています。

また、敷地北西には、巨大な梵鐘を吊り下げた覆い屋があります。もともとは奉徳寺にあり聖徳大王が作らせたもので、聖徳大王神鐘（エミレの鐘）として良く知られる巨大な梵鐘です。その表面には天女など美しいレリーフが鋳出された装飾性豊かな美しい梵鐘です。

子供博物館の入口

✻国立慶州文化財研究所（慶州市仏国路132）

国立慶州文化財研究所は、古都慶州を中心にその周辺地域である大邱など、慶北地域一帯に広がる新羅文化圏の埋蔵文化財の考古学的調査、出土品の保存処理や保管、史跡をはじめとする遺跡の保全、そしてこれら文化遺産の調査・研究・活用を目的として、一九九〇年に設立されました。韓国各地に設置された国立文化財研究所の一つで、慶州市内を中心に重要遺跡の発掘調査・研究を長年にわたって行っています。慶州市駅前から半月城、国立博物館の前を通過し、多くの仏教遺跡で著名な南山を右手に見ながら真っすぐ南東へ向かい、仏国寺駅前のT字路、ちょうど十二支のレリーフでよく知られている横穴式石室、九政洞方形墳のところで左折します。そのまま北東にしばらく進み小さな川を渡ってすぐ右手に見えるのが、伝統家屋を模して建設された研究所の新庁舎です。もともと研究所庁舎は国立慶州博物館の西側、一段下がった南川沿いにありましたが、新庁舎の完成と共に現在の場所に移転しました。

研究所本館の正面入口を入ると右手に展示室があります。研究所が継続的に行っている慶州地域での発掘成果を、豊富な出土遺物を通じて見学することができます。新羅史を彩る様々な重要遺跡の出土品が展示されています。新羅の古墳群をはじめ、四天王寺、皇龍寺、芬皇寺といった古代寺院、半月城や新羅王京などの宮殿や都市遺跡などから出土した重要遺物が展示されています。とくに四天王寺建物基壇に嵌め込まれていた四天王像をレリーフで表した緑釉塼は、一見の価値がある見事なものです。

また、研究所は古都新羅の歴史を解明するため、多くの重要遺跡の調査を行っており、現在でもいくつかの発掘調査が進行中です。

国立慶州博物館北側に広がる半月城の調査も現在行われており、発掘現場をその近くから見学することができます。発掘現場には、広大な調査地をつぶさに見学できるよう、見学台も設置されており、検出された礎石建物跡など様々な遺構が間近に見られます。

また、皇南洞には、皇南大塚や天馬塚といった、現在でも大きな墳丘が残っている王陵群があり、大陵苑として手厚く保護されています。それに続く東側の皇吾洞一帯では、王陵に隣接する中小規模の古墳群を調査しています。その中の一基には古墳全体に覆い屋が設けられ、全天候型の発掘調査が行われています。発掘調査の進行によって日々変化していく新羅積石木槨墳の発掘調査のあり様を、古墳周囲に設けられた見学通路から直接見られ、迫力ある調査状況を身近に感じ取ることができます。

✻瞻星台（チョムソンデ）（慶州市仁旺洞839）

『三国遺事』によると、瞻星台は新羅の善徳女王（在位六三二～六四七年）の時代に建設されたと伝えられる東洋最古の天文台とされています。高さ九ｍ余り、基底部約五ｍの徳利型をした円筒形の石像建築物です。これは約三〇㎝の花崗岩を陰暦の一年間の日数である三六一・五個積み上げて造られており、中央部に正方形の窓が設けられ、上端部には正方形の石組みがあります。窓から入る太陽光線の長さをもとに春夏秋冬が区分され、星座や日食などを記録し国家の重要事項の決定に役立てたともいわれています。ここはかつての王城であった月城の北西で官衙街とされている場所に該当します。

瞻星台

✻芬皇寺（プヌファンサ）（慶州市九黄洞313）

新羅善徳女王三年（五三四年）の創建ですが、創建時代の名残としては石像幡竿支柱と安山岩で中国の塼塔に模して造られた多宝塔の下三層部分があります。この寺で元暁が華厳経を編纂したと伝えられています。七五五年には金銅製の薬師如来銅像が造られましたが、後に衰微し現存しません。このほか名僧慈蔵等々の居住寺院として名を残しています。

石塔は安山岩を塼の形に切って積み上げた三層擬塼塔で、基壇四隅に石の獅子を据え、初層四面に厨子を設けて四方仏を安置しています。さらに四面に見られる門扉の左右に配された花崗岩製の仁王像は、中国六朝末期の彫刻様式を残しており、新羅の古代彫刻を考える上でも貴重な資料となっています。

日本統治時代に第二、第三層間の石函内から金銀製の多くの収納品が発見されています。

『三国遺事』に芬皇寺盲児得眼という記事があります。そこには「景徳王の時代に漢岐里というところに住んでいた女、児が生まれて五歳になった時、急にその児の眼が見えなくなった。ある日その母が児を

芬皇寺

多宝塔の下三層部分

基壇四隅の石の獅子

抱いて芬皇寺に参り、左の仏殿の中の北側の壁にかけてある千手大悲観音菩薩の前に行き、その児に歌を作って祈らせたところ、ついに目がみえるようになった」という霊験譚を伝えた伝承が記されています。

もともとこの基礎の上にあった石碑は高麗時代に建てられた元暁大師の碑趺（ひじょう）で、一一〇一年八月に下された証書によってこの寺の中にたてられました。当時の皇帝粛宗は、元暁が東邦の聖人であるにもかかわらず、碑記と謚号がないことを哀惜に思い、元暁に大聖和諍国師の謚号を部下に命じて縁故地に碑を建てさせました。しかし現在碑は失われ、破片のみが見つかっています。秋史金正喜は、碑身を支えた碑台を境内で見つけ出してこれを確認しました。現在、碑台には金正喜自身の真筆が陰刻されています。碑台は直方体で、上面には碑身を挿入した長方形の溝が彫られており、慶尚北道有形文化財第九七号に指定されています。

❀大陵苑（テヌンウォン）（慶州市皇南洞）

慶州市で古墳を探すのは容易なことです。町のいたるところから円形の丘が見え、それらはすべて古墳だといっても過言ではありません。大陵苑は、その中でも最も大規模な古墳が集中する地域に設置された古墳公園です。

約一二万四千坪の広大な範囲に三二基の古墳があります。とくに大きいのは天馬塚古墳、皇南大塚、味鄒王陵です。公園入口に近いのは味鄒王陵で、

大陵苑（古墳公園）入口

和諍国師碑趺の碑台

味鄒王陵

皇南大塚

天馬塚古墳

大陵苑の由来にもなっている古墳です。

味鄒王の陵墓には『三国遺事』に次のような伝説が見られます。それは味鄒王の次の第一四代儒礼王に時代のことです。新羅が他国から攻撃されて窮地に陥った時、突然どこからともなく耳に竹の葉を指した奇妙な軍隊が現れ、次々と敵を倒し、ついに敵を全滅させました。まもなくそれらの軍はどこともなく消えてしまったのです。新羅の兵たちはどこの軍隊かと不思議がっていると、味鄒王陵の前に竹の葉がうずたかく積んであることに気づきました。新羅の兵士たちは自国の危機を察した味鄒王が助けに来てくれたと知りました。それ以後、この陵のことを竹陵、あるいは竹長陵と呼ぶようになったということです。ちなみに現在この陵墓の周囲には竹が植えられており、かつての伝説を彷彿とさせています。

この古墳群で最大の陵が皇南大塚です。二つの古墳が接合した瓢形積石木槨墓で、南墳二三m、北墳二二mという新羅最大の墳墓です。一九七三年から一九七五年にかけて行われた調査で、南墳は主槨と副槨がT字型に配置された形状で、主槨の棺からは六〇歳前後の男性の人骨、棺と木槨の間からは殉葬されたとみられる女性の人骨が発見されています。北墳は木槨が一つだけ設置されていました。副葬品を見ると北墳のほうが装飾品が多い反面、武器と馬具が少なく、被葬者は刀を身に着けていない、そして紡錘車が出土し、銀製帯金具に「夫人帯」という銘文が見られることから、北墳の被葬者は女性と考えられています。つまり、この古墳は五世紀頃の王と王妃の墳墓だと考えられています。

最も奥側にあるのが天馬塚古墳です。この古墳から天馬の絵を描いた馬具が出土したことから名づけられました。その絵は翼の生えた白馬がたてがみを風にたなびかせながら空をかける姿が描かれているものです。天馬塚からは、このほか馬具、王冠、陶質土器など総数一五〇〇〇点余りの遺物が出土しました。これらの実物は国立慶州博物館で見学できます。また、精巧に造られたレプリカはこの古墳内部で見ることができます。

✻雁鴨池（アナプチ）（慶州市仁旺洞517）

新羅の三国統一を記念して文武王によって、六七四年に建設された離宮で、新羅最大の人口池が月池です。この池には貴族たちが毎夜のように船を浮かべて「池に映る月」を目出て楽しんだとされています。国立慶州博物館とは目と鼻の距離で、観光シーズンの日曜や祭日には大変な賑わいをになります。

新羅滅亡後、この池は廃墟となり雁や鴨が住み着いたことから雁鴨池と名づけられました。

敷地内には臨海殿と呼ばれる新羅王宮の別宮である東宮の跡地があります。現在復元された建物三棟があります。現在発掘調査が続けられており、フェンス越しに検出遺構を見学することができ、さらに調査風景の写真パネルや実測図、見取り図などとともにわかりやすい解説パネルが掲示されています。

なお雁鴨池跡の調査では、建物軒先や屋根を飾っていた軒丸瓦、軒平瓦、鬼瓦、鴟尾、文様塼、丸瓦、平瓦、文字刻印瓦など多種多様な瓦塼をはじめ、青銅仏像、木製欄干、欄干飾り具、はさみ、櫛、スプーン、鍵、馬具、ナイフ、土器類、陶・磁器類、青銅製武器、鉄製類、木製の船など多種多様な出土遺物があります。これら出土した木簡をはじめとする様々な出土遺物は国立慶州博物館の雁鴨池（月池）館で見学することができます。

東宮の跡地

雁鴨池

✿半月城（パンウォルソン）（慶州市仁旺洞一帯）

国立慶州博物館の北側には、小高い山が川に添って東西に延びるのが見えます。この山が半月城と呼ばれる新羅時代の宮廷が所在する地です。この山の平面形が三日月型をしているところから新月城または月城と呼ばれ、朝鮮時代から半月城と呼ばれて今日に至っています。一九六三年一月二一日には韓国の史跡に指定され、その保存が図られています。

城の東西及び北側は土と石を積み上げた城壁に、南側は自然地形の断崖をそのまま利用する構造となっています。城壁の下には人工的に掘削された防御施設としての濠（垓字）が巡っており、東には慶州東宮に通じる門址が残っています。また、城の南側には、南川（蚊川）が城の裾を添うよう蛇行しながら流れており、天然の要害となっています。発掘調査によって城の内部からは多くの建物跡をはじめ様々な遺構が発見されつつあります。また、一七四一年に半月城の西側からこちらに移された石造りの石氷庫もあります。

半月城は現在も国立慶州文化財研究所によって、継続的に発掘調査が進められています。現在、調査は城中心部に当たる平坦部分と西側の城壁部分を中心として調査が進められています。城内部にある石氷庫南側一帯は広く発掘調査が進められており、フェンス越しに発掘の様子を見ることができます。見学

発掘調査現場

半月城

しやすいように見学台も設置されています。

月城内は遊歩道も完備され、緑あふれる城内部を一周することができます。北側には雁鴨池等を望み、まさに新羅時代の中心地を彷彿とさせる景色を堪能できます。

✻石氷庫（ソッピンゴ）（慶州市仁旺洞一帯）

朝鮮時代の一七三八年に築かれた氷室（ひむろ）遺構で、その入口部から内部構造を見学できます。長さ一九m、幅六m、鷹さ五・四五mを図る長方形で、約一〇〇〇個の石で構築されています。アーチ型の天井には三カ所の換気口、底には排水溝が設けられています。冬に入れた氷が夏まで残っており、宮中の食糧保存のために使用されたとされています。韓国の宝物第３０５号に指定されています。

石氷庫外観

石氷庫内部

✻皇龍寺址（ファンリョンサジ）（慶州市九皇洞３２０）

皇龍寺は、新羅真興王一四年（五五三年）に創建、高麗高宗二五年（一二三八年）蒙古軍の侵攻によって焼失するまで続いた新羅最大の護国寺院です。

真興王三五年（五七四年）鋳造の尊丈六尊像と善徳女王一四年（六四五年）建立の九層木塔は、真平王の天賜玉帯と共に新羅三寶として良く知られています。皇龍寺は『三国史記』と『三国遺史』の記録による

皇龍寺址

皇龍寺の伽藍（国立慶州博物館）

と、真興王一四年（五五三年）に、慶州月城の東側に宮殿を建立しようとしたところ、黄色い龍（皇龍）が現われたため、宮殿の造営を中止し皇龍寺の建設を始めたとされます。真興王三五年（五七四年）に主尊仏の金銅三尊丈六尊像を作り、真平王六年（五八四年）には金堂を、そして、善徳女王一四年（六四五年）には九層木塔が完成しました。木塔完成後、その東南に鐘楼、西側に経楼が建設され伽藍が完成しました。皇龍寺は、現在は広大な遺跡としてその痕跡を留めるだけですが、現地に赴くと金堂、塔などの基壇が残り、その上面には巨大な礎石が残されています。

一九七六年から一九八三年の八年にわたって国立慶州文化財研究所によって発掘調査が進められ、その構造や規模が明らかとなりました。皇龍寺址は、総面積約二万余坪の敷地に、南門・中門・木塔・金堂・講堂が南北一直線上に配置した一塔一金堂式伽藍配置でしたが、その後、東・西金堂が建立され一塔三金堂式伽藍配置に変わりました。皇龍寺址からは、新羅時代から高麗時代に至る大量の瓦塼類と共に土器類、金属容器、仏像など四万点に上る多数の遺物が出土しています。これらの遺物の主なものは、国立慶州博物館美術館に常設展示されています。

✿仏国寺（ブルグッサ）（慶州市進峴洞15）

この寺の創建については諸説ありますが、その一つは五二八年法興王の母、迎帝夫人の発願によるという記録が『仏国寺古今創紀』に残されています。そのほか『三国遺事』には七五一年に新羅の宰相金大城が建立したという説もあります。

その後約一〇〇〇年にわたって繁栄をつづけましたが一六世紀末に発生した文禄・慶長の役（壬辰倭乱）で大半の建物が灰燼に帰しました。やがて朝鮮時代後期にいくつかの建物が再建されましたが、かつての姿にまで復元されるには至りませんでした。

仏国寺側面

現在境内は韓国史跡・名勝第一号に指定され、ユネスコの世界遺産にも登録されています。チケット売場から境内に入ってみましょう。

まず「佛国寺」と左から書かれた大きな看板が掲げられた一柱門を入ります。一柱門とは一直線に並んだ柱の上部に屋根を付けたことに由来しています。しかしここの場合は、補助柱が前後に配置されているようにも思えましたが……。

仏国寺一柱門

次に天王門です。ここには仏の世界の守護神である四天王が安置されています。右手前から増長天、奥が持国天、左手手前が広目天、奥に多聞点の四天王像です。派手な色使いの装飾は韓国ではごく普通です。

天王門

多宝塔と釈迦塔

安養門

木魚と雲板

天王門をくぐると正面に石段が目に入ります。階段は左右にありますが、右側のものは青雲橋、白雲橋で国宝第二三号に指定されています。大きく上下二段に分かれた上の一六段が白雲橋、下の一八段が青雲橋と呼ばれています。上方には紫霞門があり、その後ろには釈迦如来を祀る大雄殿があります。

安養門を入ると極楽殿があり、阿弥陀如来の世界です。左手の階段は蓮華橋と七宝橋で、国宝第二二号に指定されており、上方の門が安養門です。現在は階段が通行禁止となっているため大雄殿側から迂回しなくてはなりません。

大雄殿前に二つの石塔があります。右側の塔が多宝塔で国宝第二〇号、左側が釈迦塔で国宝第二一号に指定されています。どちらも幾多の戦乱にも焼失を免れ、八世紀の建立当初の姿を残しています。一九六六年の補修工事の際、内部から舎利荘厳具や無垢浄光大陀羅尼経などが発見され、それらは国宝第一二〇号に指定されています。

大雄殿の右手にある回廊のような建物が左経楼です。もともとは経典を納めた場所であったと考えられています。天井から吊り下げられているのが、右手が雲板、左手が木魚です。

大雄殿の内部には本尊釈迦如来像が安置されています。大雄殿後方には講堂（無説殿）があります。仏教の本質を言葉で講義するなど本来無理という意味で無説殿と呼ばれています。六七〇年にここで最初に講義をしたのは義湘であるとされています。

続いて観音殿があります。観音殿には九二二年に栴檀で造られた観音菩薩像が安置されていましたが、行方不明となり、一九七三年に新たに立像が造られ安置されています。このほか羅漢堂、毘盧殿、極楽殿等の建物があります。

✿石窟庵（ソックラム）（慶州市進峴洞999）

『三国遺事』によると、新羅の景徳王、恵恭王の時代の宰相金大城が、父母のため「石仏社」を建立したとあり、それが仏国寺に近いことから石窟庵がこれに当たると考えられています。それによると景徳王一〇年（七五一年）から開始され、恵恭王一〇年（七七四年）に完成したとされる。

しかしその後は儒教全盛期となったことから放置され、忘れ去られていました。一九〇九年になって郵便配達員が叶舎山の峠を越えようとしたところ突然の豪雨に襲われ、山中の洞窟に逃げ込みました。その洞窟の中で偶然仏像を発見したのです。当時の仏像は倒壊の恐れもありました。一九〇三年から一九一五年にかけて日本による三度の修理が行われました。その後も一九六一年から韓国文化財管理局によって修復工事が行われました。

なお石窟庵は花崗岩を組み合わせて人工的に作られており、全室、扉道、珠室の三つに分けられています。石像の高さは三・四八mで、釈迦如来像であるとされています。

石窟庵遠望

石窟庵

✽文武王海中王陵（慶州市陽北面奉吉里海岸）

文武王は、朝鮮半島が高句麗、百済、新羅という三国に分裂していた時代から統一新羅という統一国家を成し遂げた大王です。この過程で百済と倭の連合軍を六六三年一〇月には百済を滅亡に追い込み、六六八年には中国唐軍とともに高句麗を攻めて滅亡させました。その後唐との関係では和平と小規模な戦闘を繰り返し、やがて六七六年一一月には唐軍に大打撃を与えます。この結果、唐の勢力は朝鮮半島から排除され、ここに半島の統一が成し遂げられ、統一新羅が成立しました。

文武王の時代には宮都建設も進められ、六七四年には半月城付近に月池を造営し、王宮の修築、四天王寺の建立、など数々の寺院を建設していきます。

『三国史記』文武王秋七月一日条に「王が薨去したので、謚して文武といった。群臣は其の遺言によって、東海の浜辺近くの大石の上に葬った。俗伝では、王が龍に化したという。そこでこの石を大王石といった」とあります。

すなわち文武王は六八一年に在位二一年で死去しますが、かねてからの遺詔によって新羅では最初の火葬に付されました。その骨は日本海に面した大岩の上に葬られました。この大岩を大王岩と呼ばれています。いわゆる海中王陵です。王は国を護る龍に化身したという伝承が残されています。

文武王海中王陵

✽感恩寺跡（カヌンサジ）（慶州市陽北面龍堂里55）

百済・高句麗を破って、六六八年朝鮮三国を統一して統一新羅を建国した文武王が、倭寇の侵略を防ぐために寺院建設を始めましたが、建設半ばで死去したため、後を継いだ神文王が完成させました。さらに寺の名前も護国寺から感恩寺としました。その名前の由来は父王の恩恵に感謝するという意味が込められています。

現在境内には国宝第一一二号に指定されている三層の石塔が残され、その後ろに石の床を特徴とする金堂があります。これは金堂の床下に空間が設けられており、龍になった文武王が大鐘川に沿って寺までこられるようにという意味で造られたとされています。

なお高さ一三・四ｍの三層石塔からは、一九五九年に行われた解体修理の際、精巧な青銅製舎利容器が見つかり、宝物第三六六号に指定されれました。この宝物は国立慶州博物館で見学することができます。

感恩寺の三層石塔

✽三陵（サムルン）（慶州市拝洞）

南山に登る出発点付近に三基並んでいる陵墓です。手前から新羅第八代国王の阿達羅王陵、次に第五三代の神徳王、一番奥が第五四代景明王の陵墓です。阿達羅王と神徳とは、遠縁に当たり、景明王とは親子関係になります。この陵墓群は一族の墓が造られていたと見ることができます。

三　陵

『三国遺事』には第五四代景明王の時のこととして次のような記事が見られます。四天王寺の壁画に描かれていた犬が泣いたので、三日間お経をあげ、お祓いをして清めました。その二年後再び壁画の犬が皇竜寺境内を駆け巡った挙句ようやく帰ってくると、今度は影がさかさまになっていました。同じ年の十月には四天王寺に安置されていた五方天神の持っていた弓のつるがすべて切れてしまうと、それにあわせて壁画に描かれている犬が外に抜け出し、庭の中を駆け巡った挙句、また壁画の中の犬となって収まってしまいました。

この説話は新羅の国の兆を表しているとされています。次の五五代景哀王の時期に新羅は滅亡します。因みに五五代景哀王は、第五四代景明王の弟とされています。

■『三国史記』と『三国遺事』

『三国史記』は、高麗時代の仁宗三年（一一四五）に金富軾らが編纂した朝鮮古代三国（高句麗・百済・新羅）に関する唯一の体系的史書。中国の三国史記に倣って紀伝体で書かれている。全五〇巻からなるが、原資料が失われており百済本紀などに欠落が多い反面、新羅本紀は充実しているとされている。

『三国遺事』は、高麗の僧一然（一二〇六～八九）が撰述した史書。仏教史料を中心に集められているが、正史として編纂された『三国史記』には見られない異伝、民間伝承などが多く集められている朝鮮古代史の基礎資料である。

✤鮑石亭址（慶州市拝洞）

　慶州南山の麓にある木々で囲まれた小さな公園ですが、かつてこの場所は新羅三家の離宮が建設されていた場所で、史跡第一号に指定されています。名前にある鮑石とは、アワビ型の溝が残されていることから名づけられました。「曲水渠」と呼ばれる溝は、流れる水に浮かべた盃が自分の前を通り過ぎるまでに歌を詠じ、そこで盃の酒を飲むという優雅な遊びで、日本でも平安貴族が好んで興じたという曲水の宴と呼ばれているものです。建設された時期は明らかではありませんが、少なくとも新羅第四九代憲康王の時代には存在していたことが記録に残されているようです。

　新羅第五五代景哀王はこの場所で宴会を開いていた時に後百済から攻撃を受け、一時逃亡しましたが最後には自害します。後を継いだ国王敬順も国を保つことができず九三五年には高麗に帰順し、新羅千年の歴史に終止符が打たれます。現在では建物は残されておらず、単なる広場ですが、新羅にとっては大きな変化を迎える場所でもあったのです。

『三国遺事』によると、景哀王については、後百済軍が新羅王都に侵入し景哀王を殺した。このとき王は、遊楽にふけり政治を忘れた悪王とする説と、国家の興亡に際し、王の職掌として時運を占い、その対処法を神に求める神聖な行事を行っていたとみる説とに分かれています。

鮑石亭址の曲水渠

南山拝里石仏立像（ナンサンペリソツブルイツブサン）（慶州市拝洞山65）

慶州南山の西麓にある宝物第六三号に指定されている石仏は、一九二三年禅房寺跡付近に散在していたものを集められたものです。中央の本尊仏は阿弥陀如来、左側は観世音菩薩。右側は蓮の花の上に立つ勢至菩薩で、両肩から甲まで、玉と花で造られた首飾りをかけている。

これら三尊仏は、体に比較して頭部を大きく表現していることや、石の彫刻にもかかわらず脇が穿たれている点や微笑みをたたえる表情など、全体的な彫刻様式から製作時期は三国時代末の七世紀の作品と考えられています。

東里・木月文学館（トンリ・モックウォルムナグァン）（慶州市仏国路４０６）

慶州の古刹仏国寺へ通じる道の傍らに偶然この美術館の案内表示を見つけ立ち寄りました。この館は、韓国慶州が生んだ小説家金東里と詩人朴木月の生涯と文学作品をたたえるために二〇〇六年三月に設立された文学博物館です。

金東里は一九一三年生まれで、一九九五年に八二歳で死去しています。純文学を追求し、文学における政治性を排除しようとする態度を貫き、朝鮮プロレタリア文学壊滅の時期に文学界に登場、ヒューマニズム文学理論を展開してプロレタリア文学と対抗しました。彼の作品の世界は韓国的、虚無的、神秘的であり、主たる作品に「巫女図」「黄土記」「等身仏」などがあり、日本でも多く

南山拝里石仏立像

東里・木月文学館

居室のジオラマ

さまざまな資料展示

が翻訳されています。

朴木月は一九一五年生まれで、一九七六年に六一歳で死去しています。初期の作品は素朴で郷土的色彩が濃いとされており、詩のテーマを家族や周囲への生活から選び、素朴で淡々とした生活をうたっています。「青鹿集」「差礫質」「土曜日の夜空」「紫の素描」などの作品があります。

展示室は左右に分かれ、東里と木月の展示がほぼ平等の広さで設定されています。

東里展示室では彼の作品をアニメーション化した映像を見ることができ、彼自身の部屋を再現したジオラマや使用した筆や印章、出版された書籍なども展示されています。

朴木月に関しても同じように部屋がジオラマで再現されています。その様子は東里に比較すると少し洋風な印象です。とくに執筆活動に使用された文具にはインクやペンがありましたが、毛筆や印判は見られませんでした。

✤新羅を輝かせた人物館（慶州市仏国路４０６）

東里・木月文学館とは同じ敷地内にある小規模の博物館です。名前の通り新羅を輝かせた人物にスポットを当てた展示施設です。

仏教は法興王一四年（五三八）のへの新羅への伝来以来、国家仏教として発展し、元暁、義湘など多くの高僧を輩出してきました。展示室には、新羅仏教の僧侶の肖像画が飾られ、彼らがまず新羅を輝かせた人物として顕彰されています。

次に古墳に葬られている大王や武将など新羅と関連の濃い人物が登場します。何人か紹介しましょう。

《義　湘》

新羅の貴族の家に生まれたと伝えられます。一九歳になった六四四年（善徳女王一三年）に慶州の皇碍福寺で出家、六五〇年（真徳女王四年）二六歳の時、同学の元暁とともに唐留学の旅に出ましたが、高句麗の国境付近で挫折。やがて六六一年（文武王元年）三七歳で唐に留学し、翌六六二年唐の華厳宗第二祖智儀に学び、四七歳の六七一年（文武王一一年）新羅に帰朝しました。文武王の勅命を受け、浮石寺を創建し、新羅の華厳宗の根本道場としました。海印寺、梵魚寺、華厳寺などのいわゆる華厳十刹で教学を広めたとされ、義湘十哲といわれる悟真など多くの門弟を輩出しました。七〇二年（聖徳王元年）に七八歳で入滅しました。日本でも華厳宗の祖師として鎌倉時代の「華厳宗祖師伝」に描かれています。

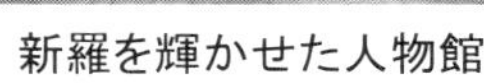
新羅を輝かせた人物館

《元　暁》

新羅の生まれで、二九歳の時に皇龍寺で出家、興輪寺の法蔵に華厳を学び、教学と論争に優れた人物でしたが、六五〇年（真徳女王四年）、同学の義湘とともに唐留学の旅に出ましたが、高句麗軍によって阻まれ挫折。六六一年に再び義湘とともに唐留学を志して党項城のとある古塚にとどまっているときに偶然骸骨に溜まっている水を飲んだことから、「真理は遠くにあるものではない。枕もとで甘く飲めた水が、起きたのちに骸骨に溜まっていた水であることを知った時、急に吐きたくなった。だが世の中への認識は心にこそある」と悟って帰ってきました。その後は華厳学に専念し二四〇巻もの著作を成しました。

ある時、元暁が街で歌を詠っていたが、誰もその意味が理解できなかった。しかし武烈王だけはその意味を理解し、未亡人だった瑤医師宮の公主を彼に嫁がせ、薛聡を生んだ。その後、元暁は名前を小姓居士と変えて芸人が与えた瓠に「無碍」という名をつけて、歌を作って仏教を庶民に普及させました。弟子の審祥が日本に華厳宗を伝えたため、東大寺をはじめ南都の寺で注目されるようになりました。『華厳縁起』には、元暁にまつわる様々な伝説が残されています。

《慧　超》

新羅の生まれ、幼い頃に唐に渡り、七一九年頃広州で南インドから来た僧侶金剛智に密教を学びます。金剛智の勧めに従って七二二年海路インドに向かいました。数年間、インド諸国を旅し、中央アジアを経て七二七年唐へ戻り、長安大薦福寺で金剛智のもとで訳経に従事し、金剛智死去後は不空の指導を受けました。『往五天竺国伝』を著しています。ちなみに五天竺とは、東、西、南、北インド、中インドのインド諸国を示します。この本はポール・ペリオが一九〇八年に敦煌の莫高窟で発見した敦煌文献の一つで、書物の首尾が欠けており、誰の著作か明らかではありませんでしたが、ペリオの研究により新羅僧慧超によるものと判明しました。イスラム勢力の進出により中国との連絡が途絶えていた八世紀のインド事情を記録したものとして評価されています。なお近年の研究により、慧超は七八七年に死去したことが明らかとなりました。

《文武王》

新羅第三〇代の王で、姓は金、諱は法敏です。六六一年に父王武烈王の死去に伴い王位に就きました。在任中に高句麗を滅ぼし、さらに唐の勢力を朝鮮半島から排除して、半島の統一を果たしました。

内政的にも体制の充実を図り、六六七年に立法を行う理法府を左右理法府に増設し、それぞれに一名の卿（次官）を置き、同年、兵部管轄下の船舶管理を船府として独立させ、令（長官）を置きました。

また六七四年二月には半月城付近に月池を造営し、六七九年には王宮を修築し、東宮を建立しました。そして王城内に四天王寺を建立しています。周辺地域への寺院建立にも努め、六七六年義湘に浮石寺を創建させています。

六八一年死去。かねてからの遺言に従って、新羅で最初に火葬された王となり、日本海の浜辺の大石の上に葬られました。俗伝によると王は龍に化身したとされ、この大石を大王岩と呼びました。王のために感恩寺が建てられ、そこに伝わる書物には文武王が倭兵を鎮圧するために、この寺を建てようとしたが果たせなかったので、次の神文王の時代、六八二年に完成させたとされています。

《金庚信》

高僧の肖像画

善徳女王が六四七年に死去すると、金春秋とともに真徳女王を立ててこれを補佐し、さらに女王が死去すると金春秋を即位させて武烈王としました。新羅は六四八年に高句麗、百済に対抗するため、唐に援軍を求め、六六〇年黄山伐の戦いで百済を激戦の末破り、百済を滅ぼしました。また六七六年には白村江の戦いで百済残党勢力を排除したのち、六六八年高句麗に出兵しこれを滅ぼしました。六七三年七月一日も七九歳で死去しました。『三国史記』では伝記三巻を割り当てており、編者の金富軾が金庚信の功名をずば抜けたものとし、三国統一の功績を高く評価しています。墳墓は慶州市忠孝洞山にあり、高さ三・五m、周囲約五〇mの円形墳で、墳墓を囲む石柵のない分、板石状の十二支神像を刻んだ護石を巡らせています。

この施設はほとんどがパネル展示ですが、勾玉が随所に配された天馬塚出土金冠や人物俑、人面瓦など、いずれもレプリカなのですが目を引きます。

人物俑などのコーナーにある人面瓦は、「微笑む新羅人」として知られており、慶州のあちこちで出合います。この人面瓦は、かつて慶州の古物商にあったのですが、当時韓国に居住していた日本人医師によって買い取られ、一九四〇年代に日本へ持ち込まれました。その後三〇年たった一九七二年に持ち主から韓国へ戻されました。おかげで現在、新羅人の笑顔に会うことができるようになったのです。

人面瓦「微笑む新羅人」

✻アートソンジュ現代美術館（ヒョンデミスルグァン）（慶州市信平洞３７０）

慶州地域の観光団地、普門湖にあるヒルトンホテルに近接して現代美術館があります。この美術館では主として現代美術作品の展示が行われています。またソウルにはこの美術館の分館があります。

たまたま訪問時には「ストリートアート」と題する展示が行われていました。市街地の塀などに描かれた絵画が多く、落書きのようにも見えますが、これも立派な芸術作品であるということのようです。何ともファンタジックな絵画が並んでおり、市街地で見るのとは異

アートソンジュ現代美術館

なる印象です。美術館と野外という環境の違いで作品の評価も分かれるということを実感しました。

✤トイ・ミュージアム（慶州市普門路２８０）

以前訪れた際は「テディベアー・ミュージアム」でしたが、名称が変わっていました。しかし入口近くにテディベアーが置かれており、わずかながら名残はあります。

子供向けの施設で、遊具やゲームが多く、母親と一緒の子どもが多くみられました。

トイ・ミュージアム

✤東国大学校慶州キャンパス博物館（トングッテハッキョキョンジュキャンパスパンムルグァン）（慶州市東大路１２３）

東国大学校は、ソウル市と慶州市にキャンパスを置く禅宗の曹渓宗立の仏教系私立大学です。博物館は、ソウルと慶州の両キャンパスに設置されています。仏教を建学の理念としているところから、博物館にもその精神が生かされています。博物館は大学正門からしばらく進み左手に見える図書館一階にあります。

仏教関係の考古・美術資料を収集・保管・展示し仏教美術を調査・発掘・研究し、これらを積極的に学生達の教育に活用するために開館しました。慶州キャンパス博物館では、仏教遺物の収集、整理、展示とともに周辺地域の埋蔵文化財発掘調査と研究および資料調査などの遺跡調査を実施して、文化財の保存と保護の目的も兼ね備えています。特に慶州市内での活発な発掘調査を通じ、数多くの考古資料を保有し、展示に生かしています。中でも古代寺院関係や新羅王京関係など優れた出土品が数多く見られます。

蔚山（ウルサン）

蔚山は、釜山から北へ七〇㎞離れた日本海に面した都市です。人口は約一一六万人で、工業都市と農村から成る典型的な複合都市です。

現在の蔚山は、現代自動車を中心とする現代グループの企業城下町であり、自動車の生産高では韓国一を誇っています。海岸沿いには韓国最大の石油コンビナートがあり、また捕鯨基地としても有名です。クジラの国内消費の大半は蔚山で水揚げされたものです。

三韓時代には辰韓に属し、三国時代には新羅国に属していました。

一五世紀に塩浦倭館が設置され、一四九四年当時は約一五〇〇人の日本人が居住したとされています。文禄・慶長の役の際、加藤清正や浅野幸長らによって倭城が築かれました。この城は朝鮮・明連合軍の攻撃にも陥落しなかったといいます。

朝鮮戦争の際には開戦後わずか三ヵ月で北朝鮮軍が蔚山付近にまで迫りました。朝鮮戦争終結以後は国内有数の工業都市として発展し、一九九七年に蔚山広域市に昇格しています。

韓国鉄道公社（ＫＯＲＡＩＬ）の新幹線ＫＴＸの蔚山駅は市街地から約二〇㎞離れていますが、ここから釜山まで二一分、ソウルまでは約二時間二〇分です。高速道路も市の西部を南北に貫通しています。

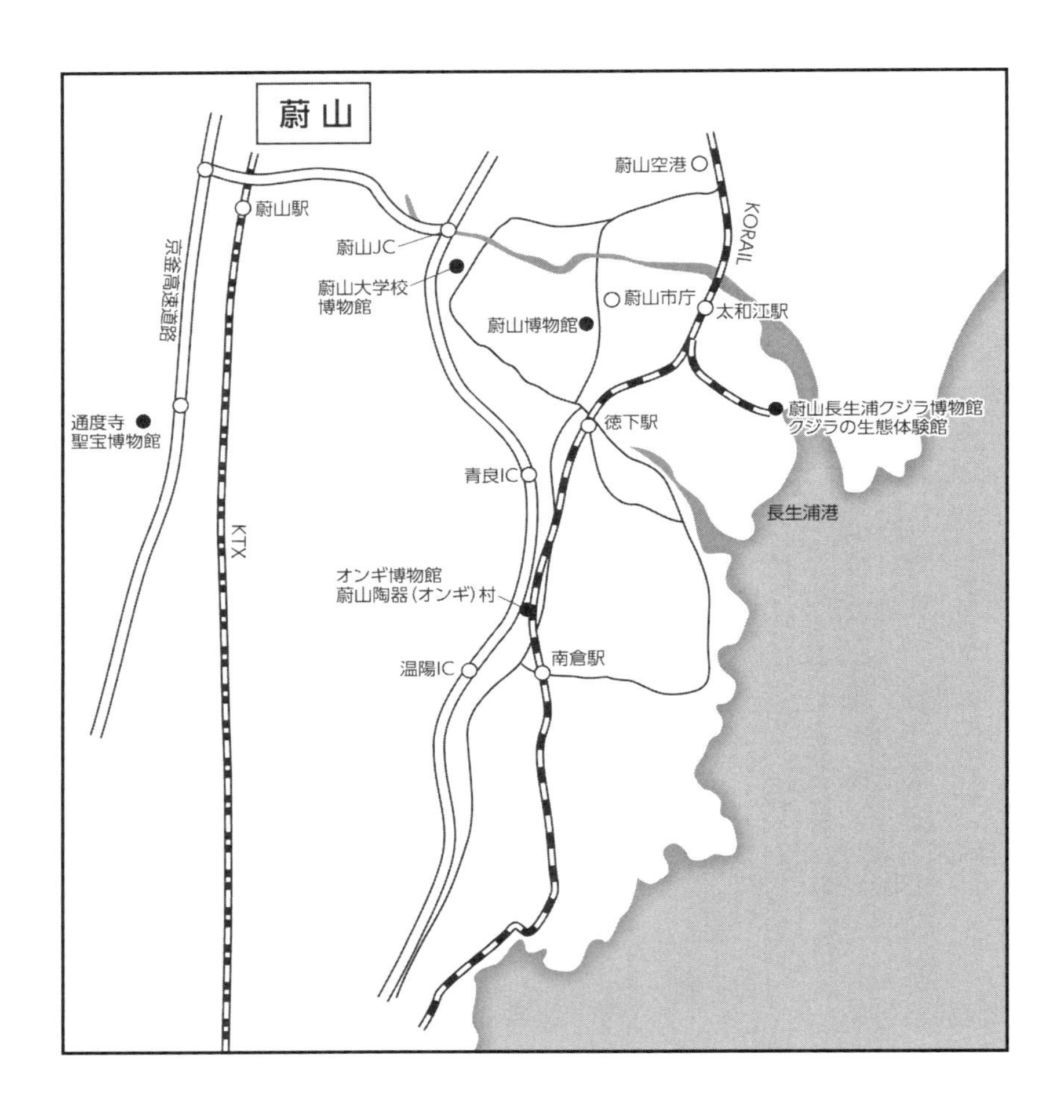
蔚山
蔚山空港
蔚山駅
KORAIL
京釜高速道路
蔚山JC
蔚山大学校
博物館
蔚山市庁
太和江駅
蔚山博物館
蔚山長生浦クジラ博物館
クジラの生態体験館
通度寺
聖宝博物館
徳下駅
青良IC
長生浦港
KTX
オンギ博物館
蔚山陶器（オンギ）村
温陽IC
南倉駅

✤蔚山博物館（ウルサンパンムルグァン）（蔚山広域市南区斗旺路２７７　蔚山大公園内）

蔚山大公園内に二〇一一年六月二二日に開館した博物館です。博物館は地下一階、地上二階の建物で、歴史館と産業史館、映像館、企画展示室などから構成されています。

国宝第二八五号に指定されている盤亀台岩刻画盤亀台岩刻画の特徴的なモチーフを約三倍の大きさで表現して正面右手壁面を飾っています。その規模は横三五m、高さ一六mという雄大なもので、実際の盤亀台に向かって置かれています。また左手に見られる四角形の窓は達川鉄場に向かってつくられており、蔚山に繁栄をもたらせた歴史の源を象徴しています。

館内に入ってみましょう。一階正面に受付があり、手前左手には企画展示室1、左手奥には企画展示室2があります。右手手前には子供博物館があります。二階右手は歴史館です。続いて奥の産業史館1、産業史館2と続きます。中央部分は中庭で吹き抜けとなっています。このほかこのフロアにはレストラン、体験室、図書館、セミナー室、講堂などの各部屋があります。

歴史館には、先史時代から産業改善までの蔚山の歴史と文化を時代別、テーマ別に展示しています。

「蔚山の先史文化」では蔚山大谷里盤亀台岩刻画の模型や新華里遺跡出土の打製石器などが置かれています。蔚山の古代では鉄香苗（大岱里下岱遺跡出土）や動物の刻文が体部に施された台付長頸壺などを見ることができます。

「蔚山の仏教文化」では宝物第四四一号に指定されている十二支像を刻んだ珍しい舍利壺があります。また蔚山の高麗～朝鮮時代では燕子島遺跡出土

蔚山博物館

蔚山大谷里盤亀台岩刻画の模型

古墳時代の展示

産業史館の展示

の高麗青磁をはじめ宝物第一〇〇六号指定の李従周告身王旨（任命書）、李応春書などがあります。最後の「蔚山の近代」では蔚山飛行場の絵葉書が展示されています。

産業史館は、蔚山の産業の歴史と発展の歴史を紹介するこの物館ならではの特別な空間です。ここでは蔚山産業の現状を紹介し、その源流や特徴を浮き彫りにし、未来とビジョンを提示しています。

「蔚山産業の始まり」では、一九五九年の三養社の工場登録証、一九六七年の蔚山工業地区認定宣言文、一九六三年の蔚山工業センター建設に向けた技術評価報告書などがあります。次いで「蔚山の石油化学産業」のコーナーでは、一九六四年の第一常圧蒸留塔運転日誌、一九六四年発行の第一次経済開発五か年計画記念切手の蔚山製油工場の図案などがあります。「蔚山の非鉄金属産業」のコーナーでは一九六九年の韓国アルミニウム工業株式会社竣工記念朴正煕大統領の自筆サイン、工場の配置模型などが展示されています。蔚山の自動車産業、蔚山の造船海洋産業などのコーナーが続き、電気・電子産業では一九七〇年の清空間マウント、一九七五年のイコノブラウン管テレビがあり、最後に蔚山の産業発展の起点コーナーで結ばれています。

一階の子供博物館は、「蔚山大王岩の東海流と歴史探検」をテーマに、眠っている東海龍を目覚めさせる七つの如意宝珠を探す蔚山歴史体験空間です。さらにここには「海で」「村で」「達川鉄場で」「邑城で」「都市で」という五つのコーナーが設定されています。

「海で」は大王岩の龍が博物館の体験活動について映像を用いて説明するコーナーです。「村で」では、岩刻画での画探し、穴倉つくり、ドルメン写し、道具つくりと道具の使用などが体験でき、最後にはクジラとなって東海を泳いでみるという仕掛けです。「達川鉄場で」では、鉄に関する映像を見て、鉄の町蔚山を理解していきます。「邑城で」は、各地に散在していた城郭を体験するというものです。ジオラマで造られた城郭に上って城壁を築く体験や弓矢を使用することなどを体験できます。「都市で」では、産業

子供博物館の入口

子供博物館

都市蔚山を代表する建築物を見学して認識を新たにし、自動車船舶の原理を理解するために、歯車製作の体験などができます。

このような様々な体験を通じて蔚山の町をより身近に感じてもらうように子供たちへの働きかけを行っています。なおこの博物館は、歴史館とほぼ同じようなスペースをとっており、いかに博物館が子供向けの普及教育活動に力を入れているかがわかります。

✻蔚山長生浦クジラ博物館（ウルサンチャンセンポコレパンムルグアン）（本館）（蔚山広域市南区梅岩洞１３９）

蔚山駅から車で約三〇分程度走ると海岸線に沿ってつくられた工業地帯に入ります。銀色に輝く鋼管が複雑に交差する工場群を抜けて、さらに行くと長生浦のクジラ料理を扱う店が並ぶにぎやかな街並みが見えてきます。この中心にあるのがクジラ博物館本館、クジラ生態体験館、４Ｄ映像館などの建物と、さらに捕鯨船ジンヤン号などで、まさにクジラの町という雰囲気です。

クジラ博物館は国内唯一のクジラ専門博物館として二〇〇五年五月三一日

蔚山長生浦クジラ博物館

クジラの頭の骨格

コクジラの骨格標本

に開館しました。かつての捕鯨の前線基地であった長生浦を生き返らせるための施設といってよいでしょう。

本館入口の正面右手には、韓国国宝第二八五号に指定されている盤亀台岩刻画を展示する盤亀台岩刻画館があります。ここでは横一〇m、縦三mの範囲に刻まれた盤亀台岩刻画を実物大に復元して展示しています。先史時代に岩に刻まれた文様が目の前に展開する光景は圧巻です。そこには無数に泳ぐクジラが描かれており、詳細に観察すると、当時の人間とクジラの関係がよく理解できます。

次にエレベーターで三階展示室に上ります。ここには全長一二・四m、重量一四トンのニタリクジラの骨格標本が展示されています。併せてニタリクジラのひげも並べられており、これは零下六〇度で三年間、冷凍保存されていたものだそうです。またこれに伴っていた繊毛は黒い色をしています。この一角にはコクジラの頭の骨格の実物を回転させるようにして展示しています。

さらに一九一二年動物学者のロイチャップマン・アンドリュース博士がこの長生浦を訪問してコクジラを研究し、その成果を発表した論文も紹介されています。

この階の天井から吊るされているのがコクジラで、三・五mサイズの韓国系コクジラの実物模型で、その表面にはフジツボなどの固着生物がついており、よりリアルに再現されています。このほか二階には韓国の捕鯨の歴史を物語る様々な遺品をはじめ世界中の捕鯨の歴史を知ることができる展示も行われています。

再び一階に戻りました。盤亀台岩刻画展示と逆の壁面には、クジラ頭骨模型が並べられています。ここには小型のクジラ類の頭骨模型によってさまざまなクジラの歯を比較することが可能となっています。実物の写真も上、下方に添えられており、興味深い展示です。

✽クジラの生態体験館（別館）（蔚山広域市南区梅岩洞１３９）

二〇〇九年一一月二四日に開館した、韓国内では最初のイルカの生態観察ができる水族館です。

一階には海底トンネルが設けられており、頭上に遊泳するイルカを見ることができます。またヘルメット水槽では水中に突きだした部分から水中にいる魚が見るという体験ができます。

魚類の水族館では、海水魚ばかりでなく、アマゾン川に棲息する淡水魚であるピラニアをはじめ多数の珍しい魚たちと遭遇することができます。

二階はイルカ水族館で、横一六m、縦一二m、深さ五mの水槽に飼育されているイルカは長生浦の住民として登録されており、長生補住民自治センターで住民登録謄本の発行も可能とのことですが……。

三階には陸亀やウサギなどと触れ合える体験動物園があります。ここでは小さな子供が小動物と戯れている様子を微笑ましく見守っている若い親の姿があります。

クジラの生態体験館

捕鯨船第六号ジンヤン号

そのほか捕鯨の町、長生浦とクジラ捕鯨の様子をジオラマで見ることができるコーナーもあります。さらに4D映像館も用意されています。

本館と別館の間の屋外にポツンと置かれているのが捕鯨船第六号ジンヤン号です。この捕鯨船は一九七七年から一九八五年まで、この長生浦を拠点基地として捕鯨活動に従事していたものです。船首部分にある捕鯨銃の前には射手もおり、装備もすべて発射可能な状態で復元展示されています。

✽オンギ博物館(パンムルグァン)（蔚山郡温陽邑古山里５０１）

ソウルと釜山を結ぶ高速道路から蔚山の市街地に入る入口にある博物館です。オンギとは、壺や皿など陶器を総称して呼ばれる名称ですが、韓国ではキムチを漬け込む壺や甕などの陶器を指すことが多いようです。蔚山には、オンギを生産する工房が集中しており、壺屋の村を構成しています。

この博物館は、その中心的な施設として、二〇〇九年一一月にオープンしました。韓国のオンギ文化を知る重要な施設として、その歴史と製品、民俗を紹介しています。

最初に『三国史記』『三国遺事』『世宗実録地理志』『六典條例』『閨閣叢書』『林園経済志』『経国大典』『高麗図経』などの記事にオンギが見られ、歴史的に由緒があることを示しています。

ついでオンギが一般家庭に溶け込んでいる様子をジオラマで見せています。台所のカマドの上方にしつらえられた棚に食器や貯蔵容器のオンギが整然と並べられています。形も様々ですが、大きさも数十センチのものから一mを越えるものまで実に多種多様です。

使い方をわかりやすく解説したジオラマのほか、実物のろくろや大小様々なヘラなど生産工程で用いられる工具が多数集められており、技術史的な興味も満たしてくれます。

台所に並べられたオンギ

登り窯の内部のような通路

またここでは韓国国内の生産品に限定せず、日本の土器や陶器も収集展示されており、広く東アジアの土器文化、焼き物の世界を知る手がかりともなっています。

展示物の取り扱いについても、手で直接さわることは当然禁止されていますが、ガラスケースに入れて特別扱いするようなことはせず、オープンにオンギが床に並べられているところもあります。

さらに、オンギを焼いた登り窯の内部のような通路には製品が展示されているほか、あちこちに小窓があり、そこからのぞくと映像が見られます。

このように、この博物館は展示に様々な工夫が行われています。

✽蔚山陶器（オンギ）村（蔚山郡温陽邑古山里５０１）

オンギ博物館の周辺には、現在多くのオンギの製作工房が集まっています。韓国全域に分布していたオンギ生産者が昔から工房があったこの地域に移住したのが始まりとされています。この地は材料の粘土の質が良く、また交通の便もいいこともその発展を促しました。朝鮮戦争後、南部に避難民が押し寄せ、国民食でもあるキムチの漬け込みの需要が急速に高まり、オンギの生産者も増加しました。

ピーク時の一九八〇年ごろには壺屋が一〇店舗ほどになり、オンギ職人も四〇〇人ほどいました。やがて需要の減少とともに職人の数も激減しましたが、今なお生産は続けられています。

村内では工房の中を見学することもでき、粘土の塊から見事に壺を生み出していく、職人の技のすばらしさを堪能できます。また陶器製品を集めて販売する店も集まっており、ウインドウショッピングも楽しみの一つです。

✽蔚山大学校博物館（蔚山広域市南区無去洞６６５）

一九七〇年に現代グループの名誉会長鄭周永によって設立された私立大学です。人文大学、自然科学大学、社会科学大学、工科大学、医科大学などのほか、現在一二単科大学、一八学部、一七学科、六大学院などを擁する総合

蔚山大学校博物館

蔚山陶器（オンギ）村

土器の展示

兜飾りなど日本関係の展示品

大学です。
博物館は大学構内の奥まった場所にあります。四階建ての赤い煉瓦積みの外壁面の建物です。
展示は先土器時代から始まり、伽耶土器、新羅土器などがあり、遺物整理作業における実測や写真撮影などの作業の様子がパネルで示されています。また大学のある蔚山の鉄器時代の遺跡である達川遺跡の調査状況写真や出土遺物などが展示されています。

そのほか、なぜか日本関係の展示品が多くみられます。羽子板、端午の節句の兜飾り、鯉のぼりや吹き流し、結納の飾り、日本人形、市松人形、男女の着物（ただし晴れ着ではない）、帯や下駄、草履を見ることができます。廊下の壁面には端午の節句の吹き流しの旗や大漁旗などがあります。

✻玉峴遺跡展示館（オッヒョンユジョックチョンジグアン）（蔚山広域市無去洞）

今から二八〇〇〜二五〇〇年前とされる朝鮮半島の水稲栽培の始まりの遺跡である玉峴遺跡の発掘調査で出土した遺物及び検出遺構の顕彰のためにつくられた小型の遺跡博物館です。
展示室には調査風景のジオラマがあります。方形の竪穴式住居跡がいくつも

藁ぶき屋根の家屋

検出されており、それらの測量や実測などをいくつかのグループに分かれて作業する光景があります。さらにこれらの調査から得られた知見によって当時の生活を復元した集落のジオラマが展示されています。

出土遺物についても土器や石器類、とくに石包丁など稲作に関係する遺物が見られます。また展示室中央部には当時の人物をほうふつとさせる人物像や、同じくマネキンを用いた稲の取り入れ作業風景のジオラマなどが見られます。

また、調査で確認された建物遺構から復元される素朴な掘立柱造りに藁ぶき屋根の家屋が建てられています。館外にも同じような建物が二棟復元されており、その内部に入ることもできます。

✻昌寧博物館（チャンニョンパンムルグァン）（慶尚南道昌寧郡昌寧邑昌蜜路34）

昌寧郡にある郡立博物館で、その一階に常設展示室が設けられています。昌寧の地域は、昔から多くの古墳群があることで良く知られた場所でした。この地域を代表する古墳群として松峴洞古墳群、校洞古墳群、桂城古墳群などがあり、古くは一九〇〇年代前半から調査などが行われてきました。

このような地域的な特性を生かし、古墳関係の展示が充実しています。近年、発掘調査が行われその全貌が明らかとなった松峴洞古墳群から出土した殉葬人骨の複顔研究が行われました。その成果も展示に反映されており、今から一五〇〇年ほど前の三国時代人の顔立ちなど興味深い展示も行われています。

昌寧博物館

野外展示

野外展示施設の内部

このほか、新石器時代の飛鳳里遺跡などの発掘成果も展示に活用されています。

博物館から外に出ると、周辺にも整備の行われた古墳群が累々と築かれているのを目の当たりにすることができます。展示と併せて見学すればこの地域の三国時代の様相をより理解できます。

✾通度寺（トンドサ）（梁山市下北面通度寺路１０８）

通度寺は釜山から車で約一時間の距離にある梁山市にあります。新羅二七代義徳女王の時代六四六年に慈蔵が中国唐から留学を終えて帰国しました。この時唐から仏陀の袈裟と仏舎利を持ち帰りました。それらを祀るために創建されたのがこの寺だと伝えられています。やがて一五九二年の豊臣秀吉の朝鮮出兵（壬辰倭乱）によって大半の堂舎が失われました。現在ある建物は一六〇一年以降に再建されたものです。

通度寺は韓国三本山の一つで、「仏・法・僧」の「仏」を祀る寺院で

通度寺一柱門

仏舎利塔

大雄殿

四天王像

天王門

す。仏とは釈迦の骨である仏舎利です。この仏を祀っているのが通度寺であることから本堂である大雄殿には普通祀られている仏像の姿がありません。大雄殿内では僧侶が右横にある釈迦を祀った釈迦塔の方向を向いて読経しています。参詣者も当然のように正面向きではなく右側を向いて参詣しています。

なお大雄殿は一六四五年に再建された朝鮮様式の木造建築で国宝第二九〇号に指定されています。ちなみに「仏・法・僧」の残りの「法」とは大蔵経のことで、海印寺にあります。「僧」とは高僧が多く輩出している松広寺のことです。

✽通度寺聖宝博物館(トンドサソンボパンムルグアン)（梁山市河北面通度寺路108）

通度寺境内には二つの博物館があります。聖宝博物館は規模も大きく立派な建物で、仏像、仏画など約六〇〇〇点余りが収められています。

仏像では、高さ一一cmと小型の金銅製阿弥陀三尊像をはじめ金銅釈迦如来立像（慶南有形文化財一〇六号）のほか統一新羅時代の仏像をはじめ金銅如来坐像（慶南有形文化財一〇四号）など高麗時代の仏像、さらに地蔵菩薩像、羅漢座像、文殊菩薩像、木造童子像等朝鮮時代の仏像、彫刻群があります。

仏画では、朝鮮時代の一七九二年に作成された掛仏幀、同じく朝鮮時代一七三四年の霊山殿釈迦牟尼仏後仏幀（慶南有形文化財二八〇号）をはじめほぼ同じ頃の大小の仏画が目白押しです。

舎利具では、朝鮮時代一六九四年の友雲堂浮屠舎利塔は高さ五・四cmの

通度寺聖宝博物館

小型の舎利塔です。このほか朝鮮時代の舎利容器がいくつか見られます。

法具では「康熙十三年」銘の青銅銀入絲香爐、「通度寺」銘青銅銀入絲香爐（ともに慶南有形文化財一〇一号）のほか朝鮮時代の銅製燭台、高麗時代の浄瓶、梵鐘、青銅飯子、金剛鈴、風鐸、蜂羅、宝塔などのほか、木造位牌、経牌、琉筒、経櫃、木魚など多種多様な法具があります。

木版・典籍では、朝鮮時代一六七九年の金剛経変相木版をはじめ高麗時代の紺紙金泥大方広仏華厳経や朝鮮時代初期の大般若波羅蜜多経、妙法蓮華経などがあります。

石造物・瓦当では統一新羅時代の石像十二支神像、高麗時代の塔身石などがあり、瓦では百済、古新羅、統一新羅、高麗時代の軒丸瓦屋の紀平瓦、鬼瓦、文様磚、などが見られます。なおＢ５判の『通度寺聖宝博物館名品図録』には、ここに収められている寺宝の写真と解説が掲載されています。

寺の境内には、もう一つ老天博物館がありますが、規模は小さい博物館です。

大邱（テグ）

大邱は慶尚北道の道庁所在地であり、人口二五〇万人を超える大都市です。首都ソウルから韓国第二の都市である釜山を結ぶ高速道路や高速鉄道などの幹線交通路が大邱を経由しているだけでなく、この幹線から周辺地域へ向かう際の分岐点ともなっています。朝鮮時代には朝鮮全土から集められた薬草市が開かれていたことで広く知られており、その伝統は現在も市内に残る薬令市に引き継がれています。

大邱は四周を山並みに囲まれた盆地にあり、韓国の慶尚道（慶尚北道および慶尚南道）地域を流れる洛東江の支流の一つである琴湖江が大邱盆地の北辺を東から西に向かって流れています。洛東江は慶尚道一帯を流れる小河川を集め、多くの盆地を縫って流れる間に次第に大河となり、釜山市と金海市の間を抜けて対馬海峡に注ぎます。この洛東江流域地域は日本の古墳時代に並行する韓国の三国時代には伽耶と呼ばれており、流域には盆地を単位とした十二の小国があったと伝えられています。大邱はその中の多伐国があったとされる地域であり、のちに韓（朝鮮）半島を統一することとなる東の新羅と、古代日本との関係記録が多く残る西の百済からの圧力を受け、最終的には新羅の支配下に組み込まれました。

また、大邱を含む慶尚道地域は嶺南地域と呼ばれており、朝鮮時代の嶺南地域では慶尚道安東出身の儒学者の李滉（号は退渓）の教えに基づく嶺南学派が起こりました。嶺南学派の教えは朝鮮時代の教育機関であった各地の書院で説かれて広まり、李滉（退渓）は一〇〇〇ウォン紙幣に肖像画が印刷されるほどに

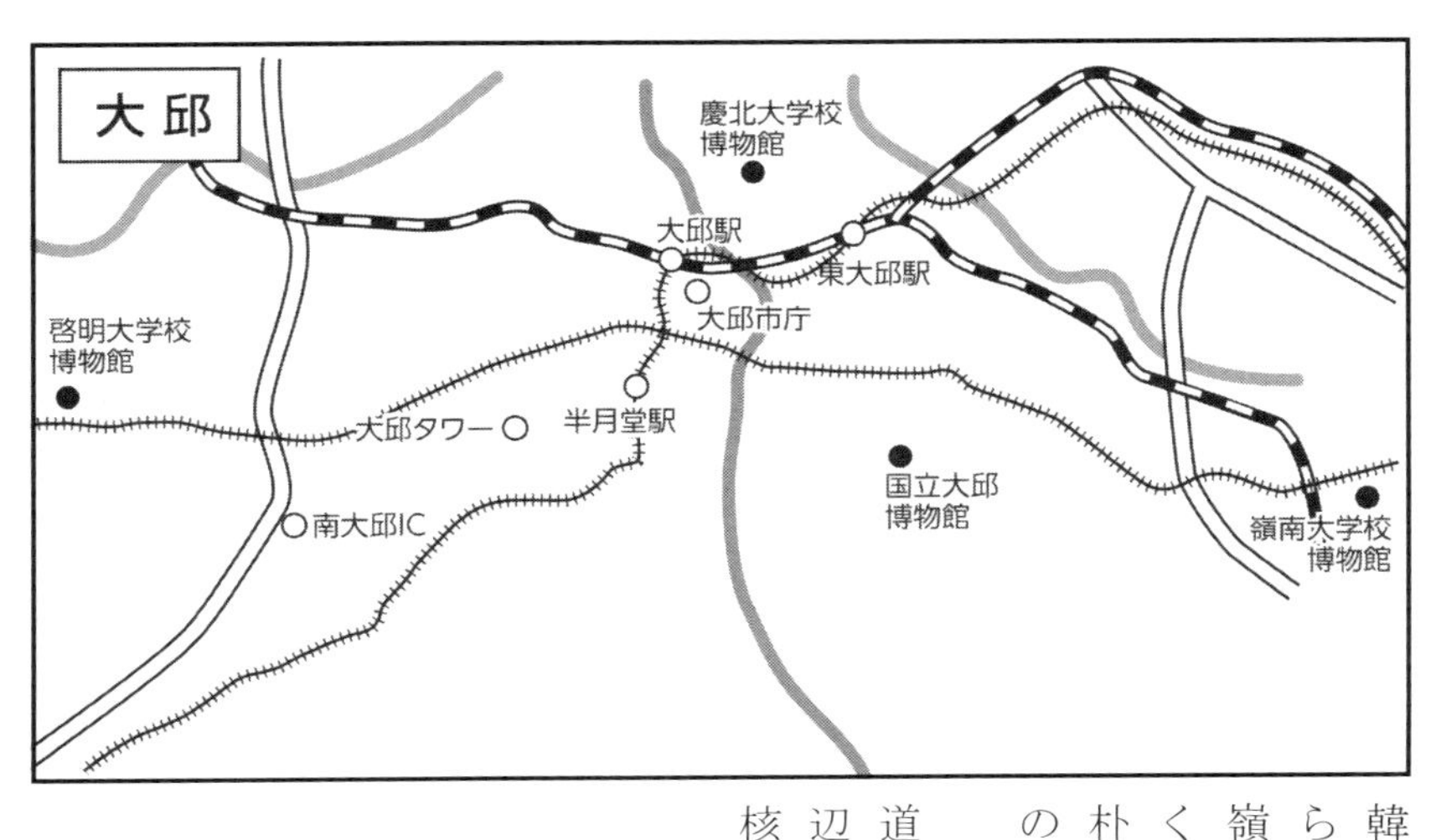

韓国内ではよく知られた存在になっています。また、嶺南地域からはその後も多くの学者や官僚、政治家を排出したこともあり、嶺南地域では自らの出身地に対する強い自負心を持つ人々も少なくありません。ちなみに日本植民地時代後の韓国社会を主導した朴正煕大統領や韓国民主化後に就任した盧泰愚大統領は嶺南地域の出身者です。

現在、大邱は日本の特別政令都市に当たる広域市に指定され、道に相当する取り扱いを受けています。市内には慶山市などの周辺地域と大邱を結ぶ二本の地下鉄路線が設けられ、慶尚北道の中核都市としてさらに大きく発達しつつあります。

✻国立大邱博物館（クンリップテグパンムルグアン）（大邱市スソン区チャンホロ３２１）

国立大邱博物館は韓国の国立博物館の中では比較的新しい博物館です。大邱市内東南の小山丘にある泛魚公園の東麓にあった約三万坪の土地に一九九〇年より建築が始められ、一九九四年十二月に開館しました。現在十四館ある韓国の国立博物館の中では八番目につくられた博物館です。博物館の周辺は慶尚北道でも有数の進学校である慶北高校をはじめとする多くの学校が分布する文教地区となっています。

博物館の建物は、背後に広がる泛魚公園の景観との調和を意識した低層の二階建て（地下一階）で、外観はレンガ造りとなっています。博物館敷地の東側に接して南北方向に走る道路があることから、博物館の入口はこの道路に面して設けられています。

館内に入るとすぐに吹き抜けの中央ホールがあり、向かって左側にミュージアム・ショップ、正面に車イス用のスロープ、右側に階段があって、博物館の二階へ向かうことになります。事務室や収蔵庫などは一階部分と地下一階にあり、観覧者の目にはあまり触れることのない設計となっています。

階段を上がった二階には、中央ホールを取り囲んで時計回りに講堂、図書室、体験学習室、考古、美術、民俗展示室と企画展示室があります。図書室は一般に開放されており、体験学習室では用意された教材を使いながら、博物館に収蔵された史資料について学習することができます。

考古、美術、民俗展示室では大邱を中心とする慶尚北道地域の史・資料による展示があります。考古展示室では慶尚北道地域の遺跡から出土した

国立大邱博物館

青銅器時代の土器

宝幡の金銅龍頭
（栄州豊基出土）

金銅舎利塔
（統一新羅、漆松林寺）

男女の正装

機織りの復元

考古資料を用いて、旧石器時代から韓国三国時代までの歩みの概観が示されています。

三国時代の慶尚道地域には洛東江流域の盆地を単位とする伽耶十二国があり、それぞれの地域的特性を持っていました。これを現在の慶州市付近にあった辰韓十二国の中の斯盧国が次第に併呑し、新羅を形成していきます。考古展示室では伽耶時代の遺跡とその後に広がる新羅時代の遺跡のあり方を資料によって示しています。

美術展示室では、統一新羅時代から高麗時代を経て朝鮮時代までの慶尚北道に広がった仏教文化に伴う資料が展示されています。統一新羅から高麗時代にかけての韓（朝鮮）半島では仏教が盛んとなり、各地に仏教寺院が造られました。慶尚北道地域にも多くの仏教関係遺跡が残されており、展示された仏像や舎利具（仏塔内への奉納物）、銅鐘、仏具などは当時の仏教信仰と工芸技術を示しています。展示ケースの中に並べられた統一新羅時代の小型仏像群は時代の特徴を知るのに適しています。また、漆谷松林寺の五重磚塔出土資料をはじめとする統一新羅時代の舎利具は当時の仏教工芸技術の高さを示しています。

民俗展示室では、嶺南地域と呼ばれた朝鮮時代の慶尚道で発達した書院（儒教思想による教育機関）とその内容が紹介されています。高麗は官吏登用の手法として科挙を導入し、続く朝鮮もこれを踏襲しました。また、朝鮮は儒教を国家運営の根本思想に取り入れたため、朝鮮各地に儒教に基づく教育機関である書院が造られ、地域の人材育成が図られました。慶尚道地域は書院教育が最も盛んであり、多くの著名な書院が分布していました。代表的な書院とともに、民俗展示室では慶尚道地域の集落や家屋の特徴、村々で行われる祭礼などについて紹介しています。

繊維服飾室では、糸、織物、色彩、服装の四テーマに分けられて過去から現在までの服飾の歴史を紹介しています。服が作り出されるまでの工程やアジアの伝統衣装を比較することによって韓国服の魅力を感じることができるようになっています。トルファンで見つかった紡錘車や朝鮮時代の簪、トルテイ（つけ紐）などが展示されています。さらに大邱の繊維産業史の展示も見ることができます。

ヘソル館は、子どもたちのための歴史探訪室、韓国文化体験室、子ども図書室などから構成される子どものための施設です。歴史探訪室では、各種の模型が展示されており、それらに手で触ったりして体験できる教育空間です。乳児や幼児向けプログラムが用意されています。

韓国文化体験室は、模型を見たり触ったりすることができる体験空間です。

屋外に出ると、背後の泛魚公園を借景にした散策路が設けられ、その一角には大邱で開かれていた薬令市に因んで薬草や染料となる植物を植えた植物園や、移設された支石墓や土器窯の展示などがあり、植え込みの野生植物を見ながら散策することができます。また、入口近くにはコマ回しや投げ矢遊びなどの道具が置かれており、子どもを連れて訪れることができる工夫が加えられています。

韓国の国立博物館としては小規模の部類に入りますが、周辺の文教施設と連携した地域的活動に重きを置いた館の理念が窺い知れる博物館となっています。

✤海印寺（ヘインサ）（陜川郡伽耶面海印寺ギル１２２）

海印寺は慶尚南道陜川郡と慶尚北道星州郡の分水嶺をなす伽耶山の慶尚南道側につくられた寺院で、統一新羅時代の八〇二年に哀荘王によって創建されました。哀荘王は摂政であった叔父に殺害され、王位を簒奪された悲運の王として知られています。海印寺が位置する伽耶山は急峻な山であり、海印寺はその中腹の尾根上に作られています。海印寺を創建した哀荘王は中国の唐から仏典である大蔵経を請来し、海印寺に蔵経閣を作って納めました。

その後、高麗時代に入り、モンゴルの侵攻を受けた際の王であった高宗はモンゴル軍の退散祈願を目的とする大蔵経の版行に取り組み、版行後の版木約八万枚が海印寺に収められました。現在、納められた大蔵経の版木は海印寺伽藍の最奥部に設けられた大蔵経板庫に保管されており、一九九五年にはユネスコ世界文化遺産リストに登録されています。

海印寺は、慶尚南道梁山市にある霊鷲山通度寺および全羅南道順天市にある松広寺とあわせて韓国三大寺に数えられ、多くの参詣者が訪れる観光地ともなっています。ただし、山深い山中にあるため、交通の便はあまり良いとはいえません。また、海印寺境内へは寺院山門の外に設けられた駐車場から歩いて向かうことになります。寺院の伽藍は東西に伸びる尾根上に位置し、伽藍最奥部となる東側に向けて段状に造成された平地に西面する形で建物が一直線上に設けられています。建物の多くは朝鮮時代末期に造られた建物ですが、山腹に並ぶ伽藍の様子は韓国の古刹としての偉容を充分に示しています。

なお、海印寺は現在の韓国の仏教宗派では最大である曹渓宗の寺院であり、境内には多くの僧侶が修行しています。寺院内の各所で目にする僧侶の姿は日本の寺院や僧侶とは趣の異なる今日の韓国仏教のありようを垣間見せてくれます。

✤慶北大学校博物館（キョンボックテハッキョパンムルグアン）（大邱市北区山格洞１３７０）

慶北大学校は一九四六年に設立された国立大学です。日本植民地時代の大邱には朝鮮総督府が設けた師範学校、医学専門学校、農業専門学校がありました。これが統合されて慶北大学校となり、その後新たな大学校（学部）を加えて韓国内でも有数の国立総合大学となりました。慶北大学校が作られた大邱は韓国の内陸部に位置することから、日本の大学ではよく京都大学と対比されます。

博物館は一九五九年に図書館に間借りする形で開館し、一九六一年に現在の専用建物を持つ博物館となります。大学キャンパス内の小丘上にある博物館の建物は四階建てで、博物館の周辺には、建物を取り巻くように配置された石塔や石仏の野外展示が行われています。

館内の展示室は時代やテーマに基づいて八つに分かれています。第一展示室は旧石器時代から原三国時代、第二展示室は三国時代の考古遺物が展示されており、第二展示室は慶北大学校博物館が調査した大邱および慶尚北道地域の古墳出土資料を中心に構成されています。第三展示室は三国時代および統一新羅時代の展示室で、伽耶や新羅の土器を中心とします。第四展示室は仏教関係展示室であり、三国時代以後の瓦や磚、高麗時代の金属器などが展示されています。第五展示室は宝物（国宝）を含む高麗青磁や朝鮮時代の白磁など陶磁器の展示室です。第六展示室は民俗関係資料室で、中には慶尚道出身の儒学者である李滉（退渓）関連資料も展示されています。第七展示室は校史関係展示室で、第八展示室は野外に置かれている石造物と関連しており、宝物（国宝）に指定されている石塔や石仏を中心とした石造物が展示されています。

慶北大学校は慶尚北道を代表する国立大学であり、博物館の創設も早かったことから収蔵する資料の質と量も優れており、大学博物館としては韓国有数の施設となっています。

✻嶺南大学校博物館（ヨンナンテハツキヨパンムルグアン）（慶山市大洞）

嶺南大学校は慶尚北道出身の朴正熙大統領の肝いりによって一九六七年に設置された大学です。前身は一九四七年に開学した大邱大学と一九五〇年に開学した青丘大学で、両校を合併して嶺南大学校が発足しました。発足当初の大学キャンパスは大邱市内にありましたが、一九七二年に大学病院などの施設を除いて大邱市の東隣に位置する慶山市に移転しました。移転した慶山のキャンパスは韓国内でも有数の敷地面積を持ち、キャンパス中央にはひときわ目立つ大学のシンボルである嶺南タワービルが建てられています。
嶺南大学校博物館は一九六八年に学内施設であった新羅・伽耶研究所が収集した資料を大邱市南区大明洞にあったキャンパス内に展示したことを契機として設置されました。一九七四年には移転した慶山キャンパスの一角に民俗園（公園）を設置するとともに、中央図書館建物の四階に博物館展示室を設けました。そして、一九八五年から新たな博物館設置構想を開始し、一九八九年に現在の嶺南大学校博物館が開館しました。

博物館の建物は大邱市内と慶山市を結ぶ地下鉄路線二号線に設けられた嶺南大学校前駅に面した大学正門の近くにあり、学外からも入りやすい位置に置かれています。前方にある駐車場から博物館の建物へは階段を登って行くようになっており、階段の両脇には層塔などの石造物が置かれています。二階建ての建物の中央部分天井には透明ガラスを配した半円球ドームがあり、博物館建物の目印となっています。

館内に入ると、半球状ドーム部分は中央吹き抜けホールになっており、ここに高句麗好太王碑文の拓本が置かれています。中央吹き抜けホールを取り巻くように一階と二階に分かれた展示室があり、一階には考古室、新羅・伽耶文化室、高麗・朝鮮文化室、民俗室があります。二階は嶺南大学校博物館が行ってきた考古学的調査資料を中心とした展示となっています。

嶺南大学校キャンパスがある慶山市周辺は三国時代の伽耶地域にあった押督国の比定地であり、嶺南大学校博物館では押督国の中心的な遺跡と考えられる林堂洞遺跡群の調査を継続的に行ってきました。二階には林堂洞遺跡群から出土した遺物を中心とした展示が行われています。

なお、以前は二階に嶺南大学校博物館が有する個人コレクション展示室がありました。各地の博物館が収蔵する個人コレクション展示は韓国の文人（文化人）の社会的位置付けが垣間見える展示室です。朝鮮時代に儒教が広く信奉されたこともあり、韓国では現在も高い教養を持つ文人を尊ぶ気風があります。身近に美術品や質の良い調度品などを配していることは文人の行いの一つであり、その収蔵品は博物館へ寄託や寄贈されることがよくあります。個人コレクションは資料を集めた個人の趣味が反映されていることから、その人柄を知るとともに韓国の社会に伝えられてきた文人の文化を知る手がかりとなります。

この他、嶺南大学校博物館は朝鮮半島を中心とした歴史的な地図資料を収蔵していることでも知られており、展示室にはその一部が展示されています。

✾啓明大学校博物館（ケミョンテハツキョパンムルグアン）（大邱市達西区新塘洞）

啓明大学校はアメリカのキリスト教牧師によって一九五四年に設置された教育機関が母体です。一九五六年に啓明基督大学として発足し、一九六五年に啓明大学、一九七八年に啓明大学校となりました。開学当初の校舎は大邱市内の南区大明洞地区にありましたが、一九八三年から大邱市郊外の達西区城西地区への移転が始まり、一九九六年以降は城西キャンパスを中心とした教育活動が行われています。文系と理系双方からなる十五大学校（日本の大学で言えば学部）からなる総合大学で、アメリカのミッション系カレッジの雰囲気を持つキャンパスの美しさは韓国内でも有数の評価を受けています。

啓明大学校博物館は一九七七年に準備室が設置され、翌一九七八年に開館しました。開館当初は大明洞キャンパス内の東西文化館に設けられていましたが、二〇〇四年五月に開学五〇周年を記念して城西キャンパス内に新たな建物を建てて移転し、リニューアルオープンしました。二〇〇二年に行われた日韓

啓明大学校博物館

共同開催のサッカーワールドカップ大会を契機として開業した大邱市内を走る地下鉄の駅が啓明大学校の正門前に設けられており、新たな博物館は正門からキャンパスを入った突き当たり近くに位置します。

大学内の建物は基本的にレンガと大理石をはじめとする石材を表面に用いた作りとなっており、博物館もこれを踏襲しています。入口を入ると吹き抜けのホールがあり、正面に二階へ上がる階段が設けられています。二階が回廊式の展示室となっており、啓明大学校博物館が大邱を含む慶尚北道地域で行った考古学的調査資料や大邱の伝統的産業である服飾関係資料、絵画資料などが展示されています。中でも、啓明大学校博物館が長い間調査に関わってきた高霊郡池山洞古墳群や星州郡星山洞古墳群出土資料は新羅に併呑される前の洛東江流域にあった大伽耶国や星山伽耶国の王陵を含む古墳群の出土資料であり、伽耶史を研究する上で欠かせない資料となっています。また、啓明大学校にはファッション大学（学部）や美術大学（学部）が設けられていることもあり、朝鮮時代の絵画や服飾関係資料の展示も充実しています。

美しいキャンパス内に建てられた新しい博物館の佇まいと展示は大学の成り立ちや雰囲気をよく表しています。

■韓国の大学博物館の変化

韓国の大学には必ずと言ってよいほど、大学内に博物館が設けられています。これは韓国の大学令で博物館の設置がうたわれていることによります。大学博物館は大学や大学が立地する地域の特徴を内外に示す役割を担っているのです。

ところで設立時期が早い大学博物館の収蔵資料には考古資料が多い傾向があります。これは今世紀に入る前の韓国では埋蔵文化財の調査機関が少なく、各地の大学に属する考古学研究者が緊急調査を含む考古学的な調査の主体を担っていたことに由来します。二〇世紀代の韓国における考古学的調査研究は大学と大学博物館に所属する考古学研究者が中心となって行っており、その出土資料は当然大学博物館の展示に活かされてきたのです。このため、各地の大学博物館にはそれぞれの大学が立地する地域の考古学的情報が集約されるとともに、さまざまな考古学的研究の発信を行う拠点となっていました。

しかし、今世紀に入ると、韓国における埋蔵文化財行政の仕組みが整備され、考古学的調査は民間を含めた専門的調査研究機関が担当するようになりました。これに伴って、考古学的調査に対する規制も厳しくなり、過去に行った調査の報告書を刊行していない研究者と研究組織は報告書を刊行し終わらない限り、新たな発掘調査を行うことができなくなりました。大学博物館に属する研究者の中にはこの規制の影響を受けた人も多く、新規の発掘調査を計画することができなくなった大学博物館が多く存在します。

新たな埋蔵文化財行政仕組みの進行とともに、大学博物館が担っていた役割の一つが大きく変化したことによって、各地の大学博物館ではこれに変わる新たな活動を模索する動きが進んでいます。

伽耶（金海・昌原・晋州）

伽耶（かや）とは、かつて任那とも呼ばれた三国時代朝鮮半島南部にあった小国家連合を指します。

三韓時代の半島南部は弁韓、辰韓、馬韓の諸国に分かれていました。紀元前一世紀ころ半島南東部の慶尚北道の大邱・慶州地域に辰韓諸国、南西部に弁韓諸国が登場します。これらの諸国はやがて三国時代に入ると、馬韓は百済を四世紀初めに形成し、さらに狗邪韓国に連なる金官国を中心とする伽耶諸国が登場します。辰韓諸国から発展した新羅によって五三二年に金官国が、五六二年には洛東江流域に展開していた伽耶諸国が滅ぼされます。

ちなみに伽耶諸国とは金官伽耶（金海市付近）、大伽耶（高霊郡付近）のほか、様々な小さな国々があります。

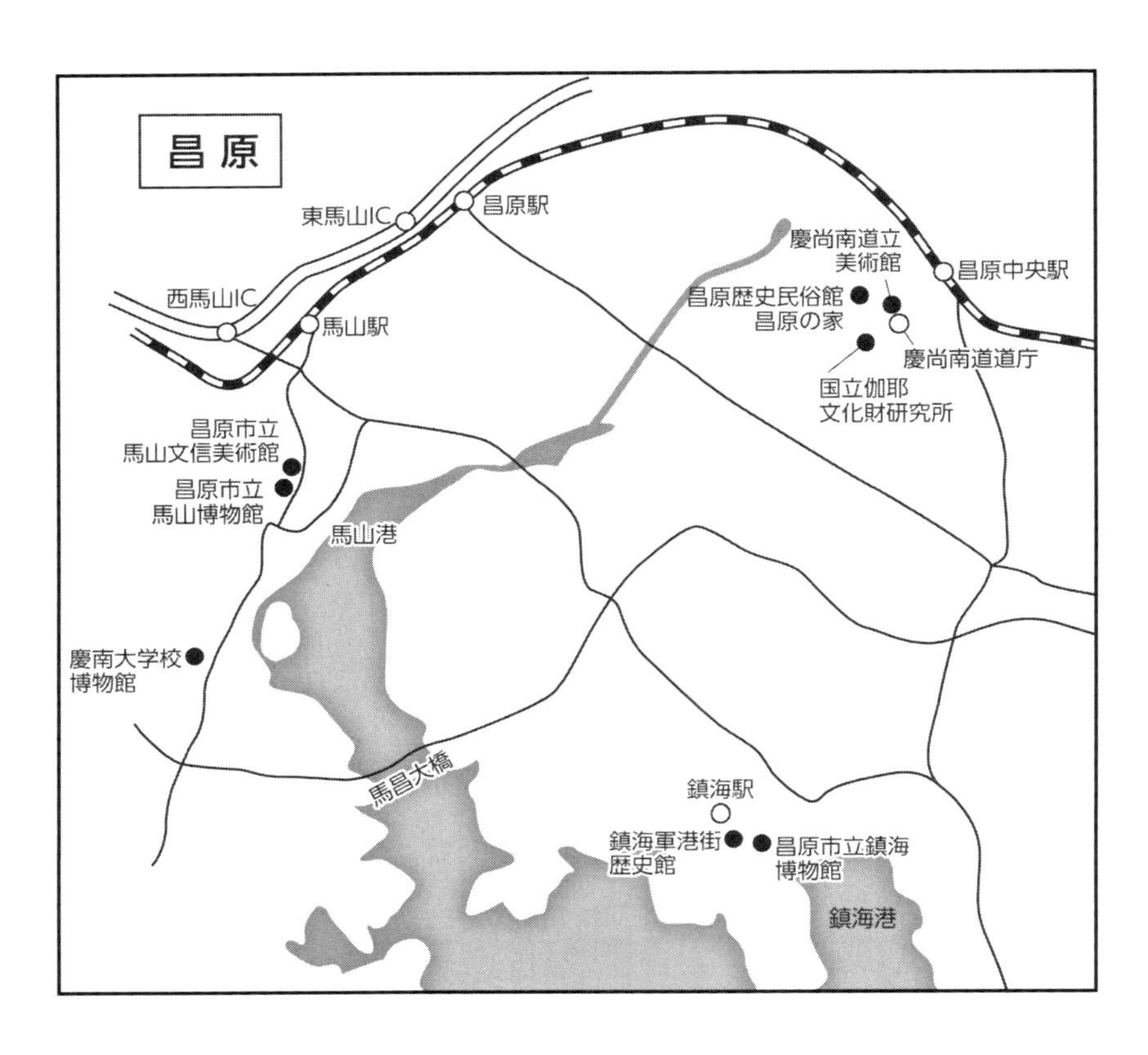
昌原
東馬山IC
昌原駅
西馬山IC
馬山駅
慶尚南道立
美術館
昌原中央駅
昌原歴史民俗館
昌原の家
慶尚南道道庁
国立伽耶
文化財研究所
昌原市立
馬山文信美術館
昌原市立
馬山博物館
馬山港
慶南大学校
博物館
馬昌大橋
鎮海駅
鎮海軍港街
歴史館
昌原市立鎮海
博物館
鎮海港

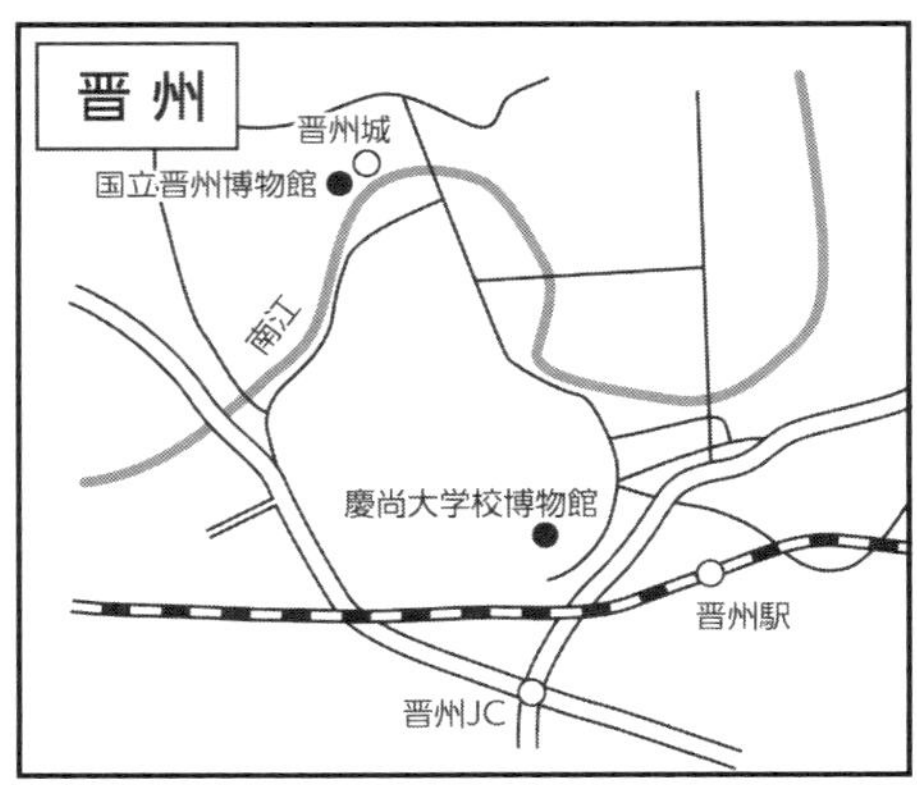
晋州
晋州城
国立晋州博物館
南江
慶尚大学校博物館
晋州駅
晋州JC

金海（キメ）

金海は、慶尚南道の日本海沿岸の都市で、駕洛国（金官伽耶）の故地です。人口五三万人余で、慶尚南道では昌原市に次ぐ規模の都市です。盧武鉉元大統領の出身地としても知られています。

金海にある首露王陵は金官加羅国の祖と伝えられる王の陵墓で、金海金氏の始祖ともされています。『三国遺事』の「駕洛国記」によれば、首露王生誕に関して、亀旨峰の六個の金の卵から生まれたという伝説があります。

釜山の空の玄関口「金海国際空港」は釜山市江西区にあるにもかかわらず金海という地名になっています。これは一九七六年の開港当時は金海郡に属していたためです。二〇一一年に金海軽電鉄という新交通システムが開通しました。これで空港へのアクセスがとても便利になりました。

亀旨峰の石碑

✿国立金海博物館（クンリップキメパンムルグァン）（金海市カヤエキル190）

金海軽電鉄博物館駅で下車し、川を渡り、そのまま川に沿って歩くと国立金海博物館があります。全体の建物景観は鉄鉱石と炭をイメージを表現しており、茶色から黒っぽい色調の煉瓦を使用した建物外観となっています。

博物館は一九九六年七月二九日に伽耶地区の文化財を展示し、釜山慶南地域における先史時代の文化と伽耶の成長基盤となった弁韓の文化遺産を展示する施設として設置されました。伽耶の歴史はほかの地域に比較して歴史的記録が少ないことから、考古学的発掘調査の方法を駆使して伽耶史を復元することが可能であることに注目しました。この点から他の国立博物館とは異なり、考古学中心の専門博物館に特化しているのが特徴です。

展示の始まりは「洛東江下流域の先史文化」です。ギャラリー1では慶尚南道地域では最初に確認された旧石器時代の遺跡である密陽古礼里遺跡出土の石器（石核、彫器、尖頭器、剥片など）があります。続いて新石器時代の貝塚遺跡の金海水佳里遺跡出土遺物があります。とくに様々な櫛文土器のかけらから新石器時代の土器の展開過程と編年体系が明らかになりました。

このほか石皿と磨石、植物遺体（ドングリ、まんじゅうぐるみ）、紡錘車などの出土遺物があります。また縄文土器、黒曜石石鏃（釜山東三洞遺跡出土）や骨製釣り針（統営煙台島ほか）、丸木舟、漁網錘（昌寧飛凰里）などのほか、慶尚南道地域の青銅器時代の代表的な集落遺跡である蔚山検丹里遺跡などの出土遺物があります。また韓国では支石墓や石棺墓から出土する磨製石剣は儀礼用であるとともに武器としても用いられたと考えられています。青銅製の遺物として、彩色土器、丹塗磨研土器などをはじめ岩刻画など多

国立金海博物館

数の興味ある遺物があります。

ギャラリー2は、「伽耶のあけぼの」です。ここでは伽耶、新羅が成立する以前に洛東江を挟んで東に辰韓、西に弁韓があった段階に相当します。紀元前二世紀頃、粘土帯土器と鉄器を一部地域で使い始め、やがて紀元前一〇八年に古朝鮮の滅亡を経て鉄の技術が嶺南地域に大きな変化を及ぼします。

土器では赤褐色の土器から灰白色の瓦質土器へと変わります。墳墓も支石墓から木棺墓、木槨墓と変化し、さらに豊富な鉄と鉄製品をもとに周辺国との交流を活発化させ、伽耶へと発展していきました。展示品では漆製品、銅剣、水晶製指飾り、銅鏡、子安貝、馬型鉤、五銖銭などがあります。馬型帯鉤と呼ばれる独特な形状のものがあります。これは革や布で帯に作られた帯にボタン状の留金具で固定し、革の先端を環で絞めたものです。馬のほかに虎の形のものもあり、このように動物を表現するものは中国や北方青銅器文化の影響を受けた結果とされています。このほか五銖銭も出土しており、各地との物資の交流が見られた証拠とされています。

ギャラリー3は「伽耶の成立と発展」です。伽耶は五伽耶、六伽耶、伽耶七国、浦上八国、任那十国など文献には様々に記録されています。金官加耶、大伽耶、小伽耶、阿羅伽耶、非大伽耶などと呼ばれた小国から構成されています。この伽耶は百済、新羅と覇権を争いましたが、五六二年高霊の大伽耶が新羅に併合されたことで伽耶の歴史に幕を下ろしました。

展示では硬質土器、鉄及び鉄製品が注目されます。環頭太刀や有刺利器、金銅耳飾り、金銅冠、馬具などの出土遺物が展示されています。とりわけ様々な形態の陶質土器は、伽耶土器と呼ばれています。とくに銅剣から変化した鋭い刃を持つ鉄剣は実用的な武器として発展してきました。一方、柄頭を環状にしてその中に龍や鳳凰などで装飾したものや金銀を用いて多様な文様で飾った装飾たちと呼ばれるものが伽耶のみではなく広く高句麗、百済、新羅でも身分と権威の象徴として用いられました。

ロビーの展示

伽耶土器

赤色磨研土器

鴨型土器

家型土器

土器製作の道具

伽耶土器

伽耶土器

伽耶土器碗

王冠では、伽耶の場合は新羅の華麗な王冠とは異なり、単純な樹木の形状をしています。新羅での山字形の初期形態と考えられていますが、金のくぎを用いて感帯と立飾りを固定する手法など製作手法は類似しています。このほかの装飾品についてみると、首飾りでは、管玉の間に勾玉を配置した例（狭川玉田古墳群ほか）があり、金製耳飾り（昌寧校洞古墳群、狭川玉田古墳群ほか）、鞍金具などの馬具、銀製帯金具（昌寧校洞古墳群）があります。この時期から以降は、明らかに新羅の影響が色濃く見られるようになります。とくに六世紀の新羅の拡張政策によって伽耶の雰囲気は失われていくことがよくわかります。

ギャラリー4は「伽耶人の暮らし」です。ここでは衣食住についてみます。住では家型土器があります。和歌山県六十谷遺跡から出土したという家型土器は、半島製と考えられていますが、どこで作られたのかは定かではありません。現在韓国内では二〇点余りの家型土器が見つかっていますが出土地が明らかなものは四点程度です。二〇一四年一月昌原鎮海で発見された四世紀半ばの高床式家型土器として初めて確認されたものです。

鴨型土器は、当時の人は鳥が死者の魂をあの世に案内すると信じられていたという記録が『三国志』に見られます。三韓時代から鳥に似せて作られた土器を死者とともに埋葬しました。展示されている鳥型土器は口頚太脚を伴っており、液体を入れるための容器として造られていますが実用品ではないと考えられます（金海望徳里出土）。

古代人が未来を予測するための占いに使用された卜骨があります。主として鹿やイノシシの肩甲骨が用いられました。神聖な果物とされたモモの種などが墳墓内から容器に入れた状態で確認されることがあります。

伽耶人は何を食べたのか？『魏書東夷伝』弁辰条に「土地が肥沃で穀物と稲を栽培するのに適している」と記されており、当時の伽耶地方で農耕が行われていたことがわかります。

考古学の成果では昌原新方遺跡出土のイネ、マクワウリ、カナムグラ、ユウガオ、ムギなどの種が見つかっていることから、それらを食していたことが明らかになっています。カマド形土器の出土から穀物を蒸して食べるという調理法が見られたこともわかります。このほか、臼、杵も見られます。織物、斧の木製柄なども見つかっています。臼は穀物を脱穀したり、粉にするときに杵とセットで使われるものです。

金海会峴里貝塚からは貝類、動物骨、骨格器、中国貨幣(貨泉)、中国鏡。弥生土器などが見つかっています。さらに洛東江下流の自然堤防上に形成された大規模な墓地遺跡である金海礼安里遺跡などから出土した頭蓋骨から復眼した顔の表情も示されています。

ギャラリー5は「柔らかくて美しい伽耶土器」です。ここでは伽耶土器の焼成がまず示され、次いで伽耶の文字、記号、さらに伽耶土器の器台、高杯とコップ形土器、模倣土器、と続きます。とくに形をまねて作った模倣土器では、家型土器、車輪型土器、灯蓋型土器、角杯型土器など様々な土器が見られます。これらは日常生活で見られるものを、省略、誇張、抽象化する手法を用いており、内部に酒や液体を入れて儀礼などに用いられたと考えられています。このコーナーの最後には縦長のケースに隙間なく詰め込まれた伽耶土器があり、伽耶土器が地域ごとに異なるということを表示しています。ちなみに四世紀には金官伽耶様式、五世紀には阿羅伽耶様式（咸安）、小伽耶様式（固城）、大伽耶様式（高霊）に分類されています。

ギャラリー6は「鉄の王国、伽耶」の展示です。ここは伽耶の成長基盤は鉄であったことから派生する様々な問題を解説展示したコーナーです。伽耶は豊富な鉄の生産地と交易に有利な環境のため、周辺国の標的となり、よく戦争に巻き込まれました。頻繁な戦争のため様々な種類の武器が開発されます。代表的なものに刀、剣、矛、鏃などがあります。鉄矛、三枝槍、石突き、鉄剣鉄鏃など様々な形状のものに発展しています。また「重い甲冑を着て戦う」と表示されているところでは短甲や首を守る頸甲、馬具や馬用

製鉄遺跡の模型

鎧と冑

伽耶の食事

伽耶の船

の冑などが展示されています。

なお鉄生産では密陽林川里遺跡の製鐵製錬炉の復元ジオラマが展示されており、当時の製錬の様子がよくわかります。

ギャラリー７は「海上王国、伽耶」で、海上交通を用いて交流していたことがよく理解される内容となっています。伽耶は周辺諸国との交流に重要な役割を果たしたのが鉄であり、それを通じて陸路、海路の交易を行いました。とくに海路の交流は重要でした。金海大成洞、良洞里遺跡からは、中国青銅器の鼎、銅鍑などのほかローマングラス中国式帯金具筒型銅器や巴形銅器のほか日本製の遺物が出土しています。また金海市進永余来里の木槨墓からは船型土器が出土しています。また金海鳳凰洞遺跡からは櫓と船の一部とみられる木製品が確認されました。このほか石製の錨も見つかっています。この船は材質がクスノキで、櫓はトチで、全長は八～一六ｍになると考えられています。

以上のような展示内容ですが、これらからかつての日本の古墳時代が伽耶地域の豊富な鉄、鉄製品をもとに発展を遂げてきたことや、伽耶土器の影響のもと日本の須恵器が成立発展してきたことがあり、その源流をたどることの大切さを学ぶことができます。

✾国立伽耶ヌリ子ども博物館（クンリップカヤ…パンムルグアン）（金海市カヤエキル１９０）

金海軽電鉄博物館駅から国立金海博物館へ向かう途中に伽耶ヌリ子ども博物館があります。国立金海博物館の分館です。単純で幾何学的なデザインの博物館本館とは異なり、周辺の景観と調和するように設計された建物です。二〇〇

伽耶ヌリ子ども博物館

六年一二月に開館しました。

様々な展示品に触れることで伽耶人の生活を学習でき、より楽しく、親しみを持って伽耶の歴史を学ぶことができます。

入口を入ってすぐのロビーには、隣接する国立金海博物館や遺物を表現したイラストが描かれています。内部には乗馬体験ができる小型の馬や韓屋体験のできるミニチュアの家屋などがあり、間には机、椅子が置かれ、子どもたちが思い思いに絵描きなどができるようになっています。

このような本格的な博物館施設が子どもたちだけのために建設されていることに感心しました。

✾金海民俗博物館（キメミンソックパンムルグアン）（金海市盆城路２６１番）

金海軽電鉄首露王陵駅で下車し、川を渡ってさらに行くと、歴代王の業績を表示した土塀状の看板が点々と続き、やがて王陵をめぐる瓦土塀に突き当たります。その東側には伽耶苑と呼ばれる朝鮮時代の家屋を復元した食堂兼体験宿泊施設があり、その北側に金海民俗博物館があります。

この博物館は、金海文化院で収集して保存・展示中であった民俗品を移転、展示して私たち先祖の生活をダイナミックに伝達する教育の場として活用するために二〇〇五年一〇月一日に開館しました。

館は二階建の方形の建物で、一階では「民俗の変遷と理解」「金海の民俗」「わたくしたちの衣食住」というテーマで、朝鮮時代から近代まで使用されてきた民俗文化財が展示されています。ここでは韓国固有の文化から西欧化され

金海民俗博物館

1階展示室

農耕道具の展示

韓国の伝統家具

漁　具

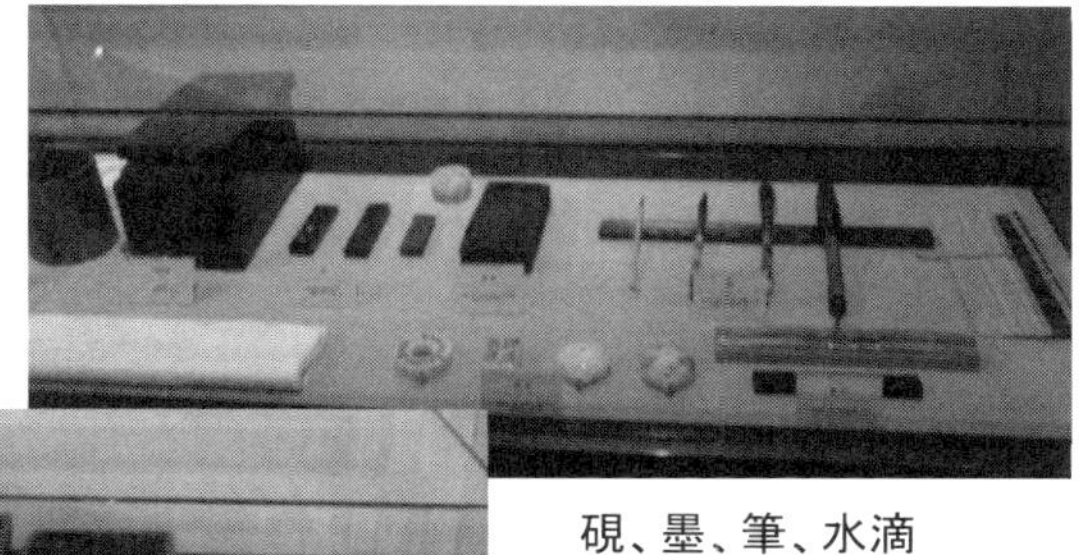

硯、墨、筆、水滴

枡や秤

ていく変遷史と韓国における衣食住、儀礼、遊びなどを紹介しています。とくに農具が多くみられますが、日本と共通するものも多いように思えます。一方、織物道具などには微妙な違いの見られるものもあります。また仮面などの宗教、儀礼、民俗行事に伴うものは独特なものがあります。

二階では「民俗生活」「生活再現」というテーマで展示が行われています。「民俗生活」コーナーでは日常生活や農耕などに用いられてきた道具を展示し、その使用法などについて解説し、「生活再現」コーナーでは伝統的な住宅様式を復元し、昔の家庭生活を垣間見ることができるように構成されています。産業のコーナーには、枡や秤（はかり）など度量衡に関するものや草履や靴などを集めたケースがあります。藁靴を編み上げる道具やゴム製の単靴なども置かれています。

村ごとにあった鍛冶屋の道具については、ふいご、ハンマー、はさみなどが集められています。灯火では、ろうそくや油を燃やすものまで様々な道具があります。またスタンドで灯されたものから手持ちの灯火まで、そしてなぜか寝床で用いた抱き枕まで置かれています。

薬作りのケースには薬研（やげん）や匙（さじ）、すり鉢などが並べられています。また硯、墨、筆、水滴が展示されているケースの壁面には巻物などの写真パネルが掲げられています。

二階ロビーにはバンタジと呼ばれる服、本、文書などを保管するためのタンスのようなものが置かれています。ここでは金海、普州バンタと呼ばれる韓国の伝統家具の世界に触れることができました。

また二階では建物内部の様子が実物大ジオラマで再現されており、かつての雰囲気を体験できるようになっていましたが、マネキン人形などを配置する方がより理解を深めることができるようにも思えました。

✽大成洞古墳博物館（金海市カヤウィギル126〔大成洞〕）

大成洞古墳博物館へは金海空港から金海軽電鉄博物館駅で下車、南に向かい、川を渡って最初の十字路を右へ入れば古墳群の脇を通って博物館に到着します。

金海大成洞古墳群は一九九〇年から五次にわたる発掘調査を通じ、金官伽耶の墓が数多く発掘されました。また墓からは副葬された多種多様な遺物が出土しました。大成洞古墳群の調査は、金官伽耶の歴史と文化を明らかにすることができる決定的な材料が用意されたといえます。

遺跡が立地する金海市では、一九九八年からが伽耶遺跡整備開発計画の一環として大成洞古墳群を整備し古墳博物館を建設することで、遺跡と博物館を一体として活用しています。

大成洞古墳博物館

博物館ロビーから展示室に入ると、そこは金官伽耶を支配した王たちの死後の安息の地である大成洞古墳群をテーマにした空間が広がります。古墳群の模型が配置され、金官伽耶の歴史と時代別発掘調査など基本的な理解を助けるための情報が示されています。

左へ廻ってみましょう。「九千社会と首露王以前の墓」は首露王誕生説話に伝わる九千社会、エグジで発掘された首露王以前の墓に関する資料を提供する展示空間です。

次に「王の墓、世に姿を現す」のコーナーです。大成洞古墳群から出土した個別古墳の多様な墓制や形式、副葬品などを通じて、金官伽耶の社会と人々の暮らしについて、より具体的なレベルで理解してもらうための展示空間です。

最後は「金官伽耶の知られざる物語」です。金官伽耶の殉葬風習やまだ解き明かされていないこれから

古墳ジオラマ

大成洞古墳群の模型

埋葬状況のジオラマ

冑および鉄器の展示

古墳築造のジオラマ

の研究課題、そして大成洞古墳群の明日についての展示空間です。

大成洞古墳博物館は隣接する国立金海博物館と互いに補完しあう性格を持ち、出土遺物中心の展示というよりは立体模型と映像資料、実物大の墓の復元、金官伽耶人の姿と生活像復元、武人の服装など、多様な資料を駆使することで古代の狗邪国と金官伽耶社会の文化を、わかりやすく興味を持てるような工夫が施されています。

博物館の外へ出ると、発掘調査後に芝が貼られ整備された遺跡公園があり、市民の憩い場として地域に定着しています。

野外展示館

木槨墓の再現展示

遺跡端部には発見された遺構の野外展示館があり、二九号と三〇号両木槨墓の再現状況が展示されています。盗掘の被害にあわなかったため埋葬当時の状況が鮮明に解明され、墓に副葬された数多くの土器類をはじめとする様々な副葬品等が出土状況に従って配列・再現されています。被葬者が埋葬された本来の墓内部の姿を理解するのに大いに役に立ちます。国立金海博物館と併せて見学するのもよいでしょう。

✻金海貝塚（キメペチョン）（金海市鳳凰洞２５３番地外）

金海貝塚は、金海市鳳凰台の丘陵地東側麓に立地する三国時代の貝塚を中心に、多様な遺構が含まれる遺跡です。一九〇七年に今西龍による初めての試掘調査が行われ、その後、鳥居龍蔵、黒板勝美、浜田耕作、梅原末治等による調査が続き、一九三四～三五年、榧本杜人による本格的調査でその性格が一層明確になり良く知られることになりました。

金海貝塚のある小丘陵は東西に長い瓢箪型に近い形をしており、その規模は東西長さ一二〇ｍ、南側幅三〇ｍ、高さ六ｍ程度の大きさです。ここから出土した遺物は、多数の土器・骨角器・鉄器・石器・紡錘車・炭化米や中国古代貨幣である貨泉や鹿、猪と言った動物骨等、様々なものが見られます。鹿角に加工を加え、刀子等の柄にしたものが多く出土しています。特に炭化米は、古代米と農耕研究にとって重要な資料となっています。また、支石墓や甕棺等も発見されており、細形銅剣や磨製石鏃等も出しています。

現在、住宅街の中にある遺跡は、史跡として保護され、周遊路や説明板などの環境整備が進められています。金海貝塚は国立金海博物館や金海大成洞古墳群、首露王陵等からも至近距離にあり、博物館に展示されている発掘資料と併せて見学することにより、当時この一帯にあった金官伽耶国に対する理解をより一層深めることができるでしょう。

遺跡へは、金海軽電鉄首露王陵駅で降りるとすぐ東側に丘陵が見えます。貝塚はこの丘陵東端に位置しており、まずは手前にある鳳凰台遺跡を見学し、そして金海貝塚へと足を延ばすのがお勧めです。

✤咸安博物館（ハマンパンムルグアン）（慶尚南道咸安郡伽耶邑古墳（道）153）

　咸安郡の末山里、道項里一帯は、低い丘陵地が広がり、その丘陵上に大型の円墳が累々と築かれています。これらの古墳群に隣接して咸安博物館があります。この末山里、道項里古墳群は国指定史跡として継続的な発掘調査が行われ、その内容が明らかになってきています。博物館は、これらの古墳群から出土した遺物を中心に展示を行う、サイトミュージアムと言えます。

　咸安博物館は二〇〇三年一〇月に開館しました。地下一階、地上二階建で、五つの展示室と企画展示室、野外展示室などがあり、二階には末伊山古墳群が一望できる展望台が設置されています。現在は、借用遺物一六〇点余りと寄贈・寄託遺物一七〇〇点余りを収蔵、展示しています。展示室は五つに分かれ、それぞれの機能・役割が与えられています。

　第一展示室には、咸安の歴史についてその概略を理解できるよう、咸安歴史年表と王宮址の写真パネル、阿羅伽耶を代表する遺跡である末里山古墳群模型や古墳群と山城が表示されている咸安の地形模型などが展示されています。また、阿羅伽耶が形成される以前を理解するために、旧石器時代から青銅器時代までの展示も行われています。

　第二展示室では、咸安地域で確認されている各時期別の墓形態を模型によって展示しています。これによって、咸安地域の古墳文化の変遷過程を理解できるよう工夫されています。

　第三展示室は、三韓、三国時代に咸安地域で活動した阿羅伽耶人達の遺物・遺跡を中心に構成されています。出土した土器類や金属製品を通じて阿羅伽耶の物質文化を解説し、土器窯と馬甲塚、対外交流、超大型建物址などを特徴的な遺跡を主題として構成しています。咸安地域の土器には、高杯脚に火焔型の透かし窓を持つなど、伽耶土器の中でも大きな特徴があります。他地域の伽耶土器と比較して見るのも見所の一つです。

第四展示室は、阿羅伽耶滅亡以後の咸安の歴史について展示しています。阿羅伽耶滅亡直後の遺跡として知られる城山山城出土遺物や木簡を、高麗・朝鮮時代では、仏教文化、陶磁文化に関する資料を扱っています。さらに朝鮮時代の咸安の人物と社会文化を理解する上で欠かせない書籍や古文書類も展示されています。

第五展示室は、咸安の文化財と民俗資料、伝説や歳時風俗などを中心に展示しています。

企画展示室では、これまで「咸安の先史文化」「木・人そして文化―咸安白山山城出土木器」「末里山」といった特別展が開催されています。

咸安博物館は、史跡である末里山・道項里古墳群を中心に、城山山城等、咸安地域を代表する遺跡群の中に位置しています。古墳群は発掘調査後整備され、遺跡公園として散策路なども設けられています。かつて阿羅伽耶と呼ばれたこの地域の歴史と文化を理解する上で大きな役割を担っています。

✤首露王陵（スロワンヌン）（金海市西上洞３１２）

首露王は金官加羅国の始祖と伝えられる王で、金海金氏の始祖ともされる。『三国遺事』にみられる『駕洛国記』によれば、首露王生誕に関しては二つの説があります。一つは四二年三月三日に亀旨峰の六個の金の卵から生まれたという伝説があり、そのため金氏を名乗ったということです。このほか『東国輿地勝覧』には伽耶山の女神の二番目の息子であるという説もあります。いずれ

首露王陵

崇化門

にしても古代朝鮮王族の誕生には卵から生まれたとする説が多いようです。そこには卵は神聖なもの、神の霊力を受けた特別なものという考えがあったようです。

王陵は宣祖一三年（一五八〇年）嶺南観察使であった許曄が首露王陵と王妃陵を改築して墓標や床石を設置しました。正門の墓碑は朝鮮仁祖二五年（一六四七年）に建設されたものです。

円形の盛土墳で、直径二二m、高さ約五mで、史跡第七三号に指定されています。なお現在境内には崇化門、崇善殿、崇安殿、崇神閣、安香榭、紅箭門、祭器庫などの建物があります。

✻首露王妃陵（スロワンピルン）（金海市亀山洞１２０）

国立金海博物館の裏山ともいえるところに首露王妃陵があります。首露王陵とはそれほど離れていません。

首露王妃（許黄玉）は西暦四八年、王女一六歳の時、インドアユタ国から船で伽耶国首露王に嫁いできたとされています。王妃は一〇人の皇子を生み、うち二人が王妃の姓である許を名乗ったという神話が残されています。

朝鮮王朝時代の一四四六年に首露王陵とともに周辺の整備が行われました。しかし床石や陵碑については一六四七年に整備されました。円形の盛土墳で、直径一六～一八m、高さ五m前後で、史跡第七四号に指定されています。古墳

首露王妃陵

パサ塔婆（鎮風塔）

の周囲に取り囲む護石は見られませんが、周囲に四角形に石垣が築かれ前面には低い築台が見られます。陵碑には「駕洛国首露王妃普州太后許氏陵」と刻まれています。

なお現在境内には崇報斎、外三門、紅箭門などの建物があります。また陵に向かって右側には、パサ塔婆と呼ばれる石塔があります。これは『三国遺事』の記事によると、金官の虎渓寺にある婆娑石塔は、昔この地方が金官国であったとき、世祖の首露王の妃、許皇后の黄玉が東漢の建武四年（四八）に聖域のアユタ国から載せてきたものである。はじめ王女は父母の命を受けて海に船を浮かべ、まさに東に向かおうとしたが、波神の怒りにあって堪えきれずに戻ってきた。父王にそのことを申しあげると父王からこの塔を載せてゆくように言われたので、それを載せていくと、ようやく無事に航海できて、金官国の南の岸についた。その船は緋い帆に茜の旗、珠玉を飾っての美しいものであった。首露王が迎え入れて、一緒に国を治めること一五〇余年であった。しかしその時分の海東には寺を建てるとか仏法を奉ずるようなことはなかった。……（略）。石は少し赤い斑紋のある質の良いもので、我が国のものではない。本草でいう「鶏冠の地を染めて試験する」というのがこの色である。

この石塔は鎮風塔とも呼ばれ、今でも航行の安全を祈って船乗りの家族の参詣が絶えないそうです。慶尚南道文化財史料第二六二号に指定されています。また首露王妃陵は国史跡第七四号に指定されています。

✤鳳凰台遺跡（ポワンデユジョック）（金海市鳳凰洞一帯）

金海鳳凰洞遺跡は慶尚南道金海市鳳凰洞一帯に広がる丘陵上に所在する青銅器時代の遺跡です。この内、丘陵東端に位置する金海貝塚は、一九〇七年に今西龍によって紹介されています。その後、鳥居龍蔵、黒板勝美、浜田耕作、梅原末治などによって部分的な調査が行われてきました。調査では丘陵上に青銅器時代から三国時代に至る各種の墳墓、住居址、貝塚などが発見されています。青銅器時代に属するものは支石墓や箱式石棺墓、甕棺墓などが見つかっています。かつては、丘陵が削られた断面に厚い貝層が堆積しているのを見ることができましたが、現在は遺跡公園として整備されています。鳳凰台の北側には大成洞古墳群があり両者は生活遺跡と墳墓として密接に関連するものと考えられています。

二〇〇一年、東側に隣接する金海会峴里貝塚と合わせて、南部地方の一～四世紀頃生活の姿を示す重要遺跡として史跡に指定されています。大成洞古墳博物館、国立金海博物館などの施設も近くにあり、併せて見学することで、この地域の歴史への理解が進むでしょう。

昌原・馬山・鎮海

昌原は、慶尚南道の道庁所在地です。一九七〇年代に韓国初の計画都市として建設され、二〇一〇年に軍港都市の鎮海、港湾都市の馬山と合併し、新たな昌原市が誕生しました。人口一〇八万を超える大都市です。

三韓時代には弁韓、三国時代は伽耶地域に属し、近代以降は開港地の馬山が行政の中心となり、沿岸部の鎮海が軍港都市として建設されました。

馬山は、鎮海湾の最奥部にあり、日露戦争時にはロシアの租界がありました。鎮海も日露戦争の日本海海戦の際は聯合艦隊の集結地となりました。現在は韓国海軍の基地のある町として知られています。

交通ではKORAIL以外の鉄道路線がないため、三市合併を契機に都市鉄道建設の計画がありましたが、まだ実現していません。ソウル、釜山へは高速バスが一時間に二、三本のペースで運行されています。

鎮海塔からの眺望

✻国立伽耶文化財研究所（クンリップカヤムナジェヨングソ）（昌原市義昌区龍湖洞）

忠清南道の大田市に本部を置く国立文化財研究所の地方研究所の一つで、一九九〇年六月に設立された機関です。研究所では慶尚南道、釜山市、蔚山市など伽耶文化圏域の重要文化遺跡に対する学術発掘調査・研究を実施しています。設立以降、数々の重要遺跡の調査を手掛け、大きな成果を上げてきていますが、中でも咸安城山山城や昌寧松峴洞古墳群の調査など、注目される遺跡を担当しています。

重要な先史、歴史遺跡に対する企画学術調査を実施していて、国家が保護を行っている史跡の整備、復元のための調査や史跡指定のための事前調査も担当しています。また、開発や盗掘などで毀損、滅失する恐れがある遺跡に就いても調査が行われています。

発掘調査された遺跡の中でも重要なものに、城山山城や昌寧松峴古墳群があります。

咸安城山山城は、咸安邑から南に約二・五㎞離れた組南山に築造された三国時代の山城です。咸安を中心にした古代阿羅伽耶の戦略的要衝地に位置していて、周辺には咸安末伊里山古墳群（史跡第五一五号）等が分布しており、当時の首長級古墳が多数築造されていることから阿羅伽耶における政治軍事的主要拠点と推定されてきました。

これに対し山城の構造と性格を明らかにするために一九九一年から一七次に及ぶ学術発掘が実施され、城の築城技法等が明らかとなっています。また、山城内部で行われた貯水池の発掘では、様々な出土品と共に二六〇点余りの木簡が出土したことで、一躍有名となりました。韓国の木簡研究をリードする成果も研究所から公表されています。

昌寧松峴古墳群は校洞古墳群および桂城古墳群と共に昌寧地域を代表する古墳群で、直径二〇m以上の大型古墳と中小型古墳が数多く築造されています。二〇〇四年から瓢形墳である六・七号墳と一五～一七号墳に対する発掘調査が行われました。その結果、六・七号墳は五世紀末〜六世紀初めに造られた古墳で、石室内部から各種の土器類と多様な金属・木製遺物等合計六〇〇点余りが出土したことで知られています。とくに七号墳では、樟材で製作された木棺がほぼ完全な形で残されており注目を集めました。

このような注目される調査状況については、研究所のホームページに公開されており、様々な資料を閲覧できます。調査研究資料および文化財情報といった研究所の活動に関する多くの情報を得ることが可能となっています。

研究所は慶尚南道庁の南側にあり、釜山からは昌原行バス利用、昌原バスターミナルからはタクシー利用が便利です。

✾昌原歴史民俗館（チャンウォンヨクサミンソックグアン）（昌原市義昌区チャンイ大路３９７）

昌原歴史民俗館は、昌原市の歴史と民俗文化を感じ、体験することができる展示施設として設立されました。歴史館、現代館、民俗館、企画展示室、３D映像室などで構成されています。

一階展示室は7の逆文字状の床面配置となっており、歴史館は長方形の展示室です。「昌原のルーツを探して」というテーマを掲げ、先史時代から現代にいたる代表的な歴史を遺物とともに紹介しています。昌原市内出土の家型陶質土器をイメージ映像で紹介し、次いで壁面に新石器時代から伽耶時代に到るまでの貝塚遺跡や墳墓、住居跡などを通じて祖先たちの生活を垣間見ることができますが、考古学に興味のある者にとってはやや物足りない印象です。

昌原歴史民俗館

奥を曲がると現代館の展示となります。ここでは「新しい歴史の始まり」というテーマを掲げています。合併統合した昌原市がスタートした当時の様子や現在の姿をパネルと都市縮小模型ジオラマ、壁面映像を通じて説明しています。「統合昌原市のスタート」ではこの地域の行政区域の発達と統合昌原市の誕生の過程がわかりやすく説明されています。そして地域の名所や観光地などを紹介する「文化都市昌原」「企業を愛する都市」「環境首都の姿と未来のビジョン」と展示が続きます。

スロープを歩いて二階に上ります。

第1民俗館は「わあい！自然とウキウキした気分になる」というテーマです。無形文化財の椽島女喪輿歌（椽島で葬式の際喪輿を担ぐ女性が唄う歌）、文昌祭ノリ（追慕儀式）、馬山五広大（仮面劇）、星神大祭（豊

歴史館の展示

第2民俗館の展示

第2民俗館の展示

昌原マル（楼閣）

漁祭）、馬山農庁ノリ（農村の自治組織である農庁の作業と競い合いの過程を表現した郷土芸能）などの由来と公演の様子を紹介しています。

さらに無形文化財の再現演奏に使われる伝統的な楽器が展示され、実際の音も聞くことができます。馬山五広大の公演は大型ホログラムで見ることができます。

第2民俗館へはスロープを歩くことになります。ここを歩きながら新たな展示への期待が高まります。

第2民俗館は「人生の痕跡、民俗を学ぶ」がテーマです。農耕社会を土台にして成長してきた祖先の生き方や知恵などを紹介しています。農耕具や伝統衣装、踏み臼などの展示のほか、農耕具の種類当てクイズなどを体験するコーナーもあります。

二階展示室から外に出ると昌原マルと呼ばれる楼閣があり、そこから降りていくと目の前に昌原の家があります。

✾昌原の家（チャンウォンウイチップ）（郷土博物館）（昌原市義昌区）

昌原歴史民俗館と隣接する昌原の家は、復元家屋を集めた施設です。正面玄関は第二駐車場からの大門で、管理事務所にもなっています。右手に長い家屋の多目的殿閣、その奥に東屋、左手には別棟（ソンロイ軒）を中心に民俗教育館、母屋があります。歴史民俗館側には八角形東屋、後門（ヒョ

昌原の家

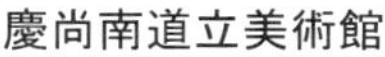
慶尚南道立美術館

八角形東屋

ンギュ門）があります。

訪問した時にはたまたま地元盆栽協会主催の盆栽の展覧会が行われており、手入れの行き届いた盆栽を見ることができました。

✤慶尚南道立美術館（キョンサンナンドリップミスルグアン）（昌原市）

美術館は、二〇〇四年六月二三日に開館した地上四階、地下一階の近代的な建物です。「経済発展に伴って三二〇万道民の美術文化共有欲求に応え、文化道民としての誇りの高揚と文化の発展に寄与する」ため、地域文化発展周知事業として設立されました。

建坪五六七二㎡、建物面積は二〇〇一㎡で、第一展示室～第五展示室、特別展示室、多目的室や視聴覚室などで構成されています。所蔵作品は絵画、彫刻、陶磁器、工芸作品など多岐にわたっています。

✤昌原市立鎮海博物館（チャンウォンシリップチネパンムルグアン）（昌原市鎮海）

朝鮮半島南西部にある韓国海軍の主要な軍港を見下ろす標高九〇ｍの頂上に、船のマストのような、あるいは寺の五重塔のような高さ二八ｍのタワー「鎮海塔」の中に昌原市立鎮海博物館があります。

もとはロシアと日本の戦争の結果日本が勝利した記念に一九二九年に

屋上から鎮海軍港を望む

鎮海塔とモノレール

鎮海市街のジオラマ模型

民俗文化財の展示

建てられた記念塔があった場所です。しかし一九四五年韓国が日本の植民地支配から解放されたのち撤去され、やがて一九六七年に鎮海タワーとなり、韓国海軍の力を象徴し、文化財の保存展示施設として、また市民のプライドと愛情の発露の施設としての役割を担っています。

タワーのある山頂までは石段が続いていますが、モノレールでも登ることができます。モノレールは二両連結の小さな箱型のもので、定員はせいぜい八、九人程度でしょう。大丈夫かと思うほど細いレールですが、結構力強く登っていきます。モノレールを降りるとタワーの入口です。エレベターに乗って展示室に上がります。

展示室では古代から現代までの鎮海地方の文化財が展示されています。中央に地形のジオラマ模型が置かれており、軍港として発展してきた鎮海の状況がよくわかります。考古学関係の資料はわずか四点のみで、民俗文化財が多いようでした。かつて使用されていた食器や机などの家具、扇風機や鏡台、電話機、蓄音機、ラジオ、測量機械、釣り鐘（半鐘）、潜水具などが集められています。

軍港都市の建設の際の測量器具や地図、時計、カメラ、スケール、巻き尺などとともに当時の写真が展示されているコーナーもありました。また鎮海市の桜祭りの様子や現在の鎮海市街地の発展を写真パネルと解説で表示しています。

さらにエレベーターで屋上に向かいます。屋上からは眼下に広がる市街地と港の素晴らしい風景が望めました。ただし軍港は山に阻まれて詳細には見えませんが、所々に軍艦らしき艦船が停泊しているのが見えました。

✻鎮海軍港街歴史館（チネグンハンガヨクサグアン）（昌原市鎮海区大川洞）

鎮海市街地の一角が軍港マウルとして整備され、そのうちの一軒の民家が軍港街博物館として公開されています。

中に入ると数人の老人がいました。町の案内ガイドとのことでした。一人が日本語で「自分はかつて大阪の平野に住んでいた」と話しかけてきました。帰国後五〇年余りとなり、ふだんは日本語は使わないので大半は忘れたといって笑っていましたが、鎮海塔のある場所にはかつて鎮海神社があり、戦艦三笠もこの港にやってきたというような話をしてくれました。

狭い家ですが、一階、二階とも展示室になっています。一階の展示物は、文書・冊子類、柱時計、硯箱、折れ尺、ラジオ、土瓶、巻尺、書籍（歴史、地誌）、カメラ、はさみ、ナイフ、小型オルガン、ミシンなど多彩です。二階は、かつての鎮海塔や軍港の風景など写真パネルが中心の展示でした。とくに一九三〇年の鎮海神社の祭礼の写真パネルは貴重なものでしょう。

写真パネルの展示

軍人さんの像でしょうか？

軍港街博物館

✻昌原市立馬山博物館（チャンウォンシリツプマサンパンムルグアン）

（昌原市馬山合浦区文信道１０５）

馬山博物館は、馬山地域の急激な都市化の中で消えゆく伝統文化を収集、保存、展示活用しようと馬山市（現在は昌原市）の開港一〇〇周年記念事業として建設されました。

展示室は常設展示室と企画展示室からなり、常設展示室は四つの空間から構成され、テーマごとにわかりやすく展示されています。

入口近くに恐竜の手足の痕跡が復元展示されています。まずは先史時代から原始への考古学遺物のコーナーです。先史時代では、素焼き土器が展示され、壁面には住居跡の調査風景が掲げられています。このほか石包丁、紡錘車、土錘などが一つ一つのケースに入れられています。次に三国時代では伽耶文化とその後の新羅文化に到る過渡期までの陶質土器の高杯や鉢、長頸壺、短頸壺などが展示されています。さらにこれらの遺物が出土した遺跡の写真である石槨募や土壙墓などのパネルが見られます。しかしいずれも解説文がハングルのみでした。

昌原市立馬山博物館

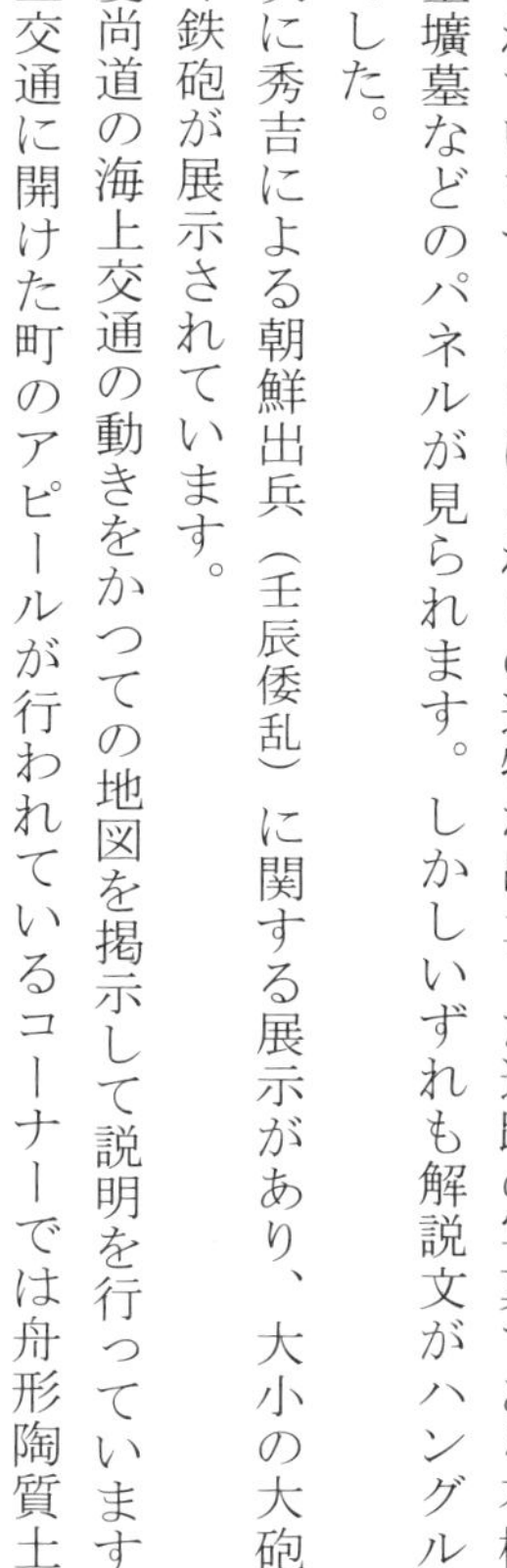
恐竜の足跡

次に秀吉による朝鮮出兵（壬辰倭乱）に関する展示があり、大小の大砲の玉や鉄砲が展示されています。

慶尚道の海上交通の動きをかつての地図を掲示して説明を行っています。海上交通に開けた町のアピールが行われているコーナーでは舟形陶質土器が四種類並べられています。入口の独立ケースの舟形陶質土器は単独乗船

舟形陶質土器

近現代の展示

子ども用の落書きコーナー

で、ボートをこぐ要領で前進するもので、他は多人数で艪をこぐという外洋型の船です。その右手には投網や大型の釣り針、ヤスなどの漁労具、さらに船で漁業を行っているジオラマ模型などがあります。このほか収穫した魚を入れる竹で編んだ魚籠や仕掛け、取引用に用いた分銅秤やマス、寸法はかりなども置かれています。

最後は、この地域の現代について、発展する市街地の様子のパネル展示で締めくくっています。

出口には子ども用の落書きコーナーが用意されています。恐竜の絵が描かれた壁面いっぱいにハングル文字やアルファベットらしき文字などが色鉛筆やマジックインクで書かれています。

✤昌原市立馬山文信美術館（チャンウォンシリップマサンムンシンミスルグアン）

（昌原市馬山合浦区文信道１４７）

馬山市街を見渡せる騶山洞（チュサンドン）の丘、馬山博物館に隣接しています。彫刻家文信（ムンシン）は二〇年以上活動したフランスから永久帰国し、一四年という長い歳月をかけて一九九四年に美術館は開館しました。二〇一〇年には新しい石膏型を見せることができる文信原型美術館を開館させました。そこには計三九八四点の作品と資料を所蔵しています。

文信は開館後一年で他界し、その遺志に従って美術館は市に寄贈され二〇〇四年に市立美術館として再開館しました。

文信の作品の野外展示

文信のブロンズ像

訪れた際、館内には文信の作品の展示は少なく、夫人の描いた絵画が展示中でした。ただ、広い園内のいたるところに文信のアート作品が野外展示されています。

この美術館は場所の選定も文信が行ったとのことで、丘陵をうまく利用した庭園など、彼の思いが十分伝わってきます。

昌原市立馬山文信美術館

✾慶南大学校博物館（昌原市馬山合浦区慶南大学路7）

一九七六年文科大学一階に開館して以降、一九八〇年には中央図書館四階と六階（一九九三年）に移転するなど何回かの変遷を経て、二〇〇八年五月の大学開校六〇周年記念館「汗馬未来館」の完成と共に最新施設を備えたこちらに移転して今日に至っています。現在では、展示室をはじめとして収蔵庫、資料室、学芸研究室、遺物整理室などを兼ね備え、本格的な博物館としての機能を備えています。

博物館は総面積一五四〇㎡、地下には収蔵庫や学芸研究室が、一階には視聴覚室と学校史展示室があります。二階には常設および寺内文庫展示室、特別展示室があります。

寺内文庫展示室は、一九九六年一月には山口県立大学から朝鮮総督府初代総督であった寺内正毅が収集した朝鮮関係資料のうちの一部（寺内文庫、九八種一三五本、一九五九点）の寄贈を受けて出来たもので、その展示と保存を図っています。

また、地域の先史・伽耶、三国時代の遺跡・遺物に対する考古学的研究に重点を置いて持続的な発掘調査を進めてきています。昌原徳泉里支石墓群など著名な遺跡の調査も担当しています。遺跡の発掘調査などを通じて得られた考古資料など五〇〇〇余点の資料を保管、管理しています。

晋州（チンジュ）

晋州は、慶尚南道西部の内陸部にある人口約三四万人の都市です。市内を南江が流れており、南西部には南江をせき止めて造られた晋陽湖があります。

先史時代から開けた地域で、統一新羅時代には菁州と呼ばれ、七五七年には康州、高麗時代に晋州という名称になりました。文禄・慶長の役では晋州城攻防戦の舞台ともなりました。この戦いで亡くなった兵士や農民を慰霊するための「流灯祭り」が毎年秋に開催されています。

慶尚南道西部の教育の中心地で、市内には慶尚大学校をはじめ大学が六校もあります。

鉄道は晋州駅のみで、二〇一二年よりＫＴＸが乗り入れ、ソウルまで約三時間三〇分で行けるようになりました。

✿国立晋州博物館（クンリップチンジュバンムルグァン）（晋州市ナンガンロ626）

韓国の国立博物館の一つで、一九八四年に慶尚南道最初の博物館として、文禄・慶長の役（壬辰倭乱）最大の激戦地の一つであった晋州城内に開館しました。

開館当初は、慶尚南道を中心とした「加耶」の歴史と文化を紹介する博物館としての機能を持って始まりましたが、国立金海博物館設立後は、先史～伽耶時代の考古資料は国立金海博物館を中心として、国立晋州博物館は、それ以降の歴史時代を通史的に扱うという役割分担がなされています。特に文禄・慶長の役の舞台の一つでもあった晋州城内に博物館が立地するという地理的特性を踏まえ、一九九八年からは、慶尚南道西部地域の歴史文化と「壬辰倭乱」に特化した展示を主題として新たな形でその一歩を踏み出しています。文禄・慶長の役と地域に密着した文化遺産を保存し紹介していくため、弛まない資料収集、調査と研究、展示、博物館教育が進められています。

展示室は、常設展示室と企画展示室に分かれており、その他に体験学習室や、各種資料が置かれた情報資料室などが設置されています。特に豊臣秀吉軍が朝鮮半島に侵攻した際の武器、武具やその関連資料が充実しています。

館外に出ると晋州城に関する様々な建物や歴史資料が残されています。城の南側には南江が東西に流れ、自然の要害にこの城が築かれているのがよくわかり、文禄・慶長の役の状況をまざまざと感じさせてくれる環境となっており、その当時を体験できるロケーションとなっています。博物館に展示されている様々な関係資料と併せて見学することで一層理解を深められるでしょう。

✤慶尚大学校博物館（晋州市新修大路５０１）

キョンサンテハッキョパンムルグァン

慶尚大学校は一九四八年に設置された韓国の国立大学です。道立初級晋州農科大学が始まりで、一九七二年に名称変更され、一九八〇年に総合大学慶尚大学校となりました。学部構成は人文大学、社会科学大学、自然科学大学、経営大学、工科大学、農業生命大学、法科大学、師範大学、獣医学大学、医科大学、看護大学、海洋科学大学及び一般大学院、その他六つの大学院を設置しています。

慶尚大学校博物館は、歴史・文化・芸術・民俗など人文諸分野の調査・研究を通じて、大学構成員と地域の人々の文化意識を高め、進んで大学文化を育んでいくことを目的として設立されました。

一九八四年の開館以来、今日に至るまで九〇余次にわたって実施してきた地表調査や発掘調査資料を基礎として、大学が所在する西部慶南地域の先史から古代文化に至る研究を行い、その成果を市民・観覧客に公開するため様々な展示が行われています。

現在の博物館は、二〇一八年二月に旧博物館から移転し新たに開館した施設で、三階が展示室となっています。博物館は大きく常設展示と企画展示に分かれています。

常設展示は、石器時代、青銅器時代、青銅器時代環濠集落、伽耶、伽耶土器の地域色、陜川玉田古墳群という様にコーナーが設定され時代を追った展示がなされています。

常設展示では、主要な遺物五〇〇点余りについて展示、公開されています。地表調査を通じて採集された旧石器、新石器時代遺跡の遺物のみならず、南江ダム水没地区の発掘調査で得られた遺跡群の資料、西部慶南の諸伽耶遺跡から出土した各種土器、石器、金属器などが集中的に展示されています。これらの考古資料を通じて西部慶南地域の先史から古代伽耶に至る歴史と文化を、時代を追って調べられるよう工夫がなされています。

博物館では長年にわたって伽耶古墳の調査研究を続けてきており、伽耶文化に係る各種資料の蓄積に基づいた展示セクションは見応え満載で圧巻です。伽耶古墳関係の展示の中でもひときわ重要な資料が、陜川玉田古墳群の出土品で、展示室の大部分はこの古墳群の出土遺物で構成されています。

玉田古墳群は陜川郡双冊面城山里玉田村にある伽耶古墳群です。一九八五～一九九一年の五次にわたる発掘調査を通じ、一一一基の埋葬施設が明らかとなり、それと共に二〇〇〇点を優に超える重要遺物が出土しました。これらの資料は、伽耶史研究の新しい転機を作ったともいわれており、古墳群は伽耶を代表する遺跡として、史跡に指定され保護管理されています。

主な出土遺物としては、各種土器類をはじめ武器・武具類、馬具、また高い身分を示す資料として金製鬼面装飾品、金銅製冠帽、龍鳳文環頭大刀が極めて良い状態で出土しています。これらの煌びやかな資料は、博物館蔵品の神髄とも言えるもので、本博物館を代表する資料と言えるでしょう。展示室の同じ階には、古文献、古文書等を公開する展示室が設けられており、併せて見学が可能です。

あとがき

ぶらりあるき博物館シリーズの東南アジア編がスタートしたのが二〇一二年で、マレーシアを皮切りに、バンコク、香港・マカオ、シンガポール、台北、ベトナム、マニラ、インドネシア、カンボジア、ミャンマー・ラオス、チェンマイ・アユタヤと刊行してきました。東南アジアはここで一段落とし、かねてからまとめたかった韓国の博物館に取り掛かることにしました。

韓国は、各地域に国立博物館や公立博物館の整備が進んでいるほか、大学校ごとに博物館がある、アジアにおける博物館先進国です。私にとって初めて行った外国が釜山・慶州であり、卒業論文のテーマの一部に朝鮮三国時代の仏教を扱ったため各地の寺院（址）を訪問したことも忘れられない思い出の一つです。それから長い年月が経過し、韓国の町の風景も大きく様変わりしました。かつての姿をとどめているところを見つけることも難しくなりました。しかし、韓国の博物館を訪れるたびに新たな出会いがあります。展示品はそのままでも、見せ方を工夫した展示を見ると楽しくなるものです。

韓国の博物館の数はかなり多いので、韓国編は三分冊にせざるを得ませんでした。本書「釜山・慶州」に続いて「済州島」「ソウル・韓国南西部」を刊行する予定です。

共同で作業にあたった池田榮史、木下亘両氏は韓国での調査経験が豊富であり、大学などにも多くの知人・友人のネットワークがあり、両氏の協力、アドバイスがあって本書をまとめることができました。

また、いつもながら面倒をおかけしている芙蓉書房出版の平澤公裕氏に厚く御礼申しあげます。

中村　浩

主要参考文献

『福泉博物館展示図録』福泉博物館　二〇一二年

朴志明・宋桂鉉『釜山杜邱洞林石遺跡』釜山直轄市立博物館　一九九〇年

PUKYOUNG NATIONAL UNIVERSITY MUSEUIM, PUKYOUNG NATIONAL UNIVERSITY MUSEUIM, 2006.

『国立慶州博物館』国立慶州博物館　一九八四年

Looking in the Museum, Gyeongju National Museum, 2008.

『通度寺聖宝博物館名品図録』通度寺聖宝博物館　一九九九年

『伽耶へと向かう道』国立金海博物館　二〇一六年

『大成洞古墳博物館展示図録』大成洞古墳博物館　二〇〇四年

GIMHAE NATIONAL MUSEUM, GIMHAE NATIONAL MUSEUM, 2018.

O-LYUN-DAE KOREAN MARTYRS MUSEUM, O-LYUN-DAE KOREAN MARTYRS MUSEUM, 1996.

『国立大邱博物館（日本語）』国立大邱博物館　二〇〇二年

『昌原市旅游指南』昌原市

井上英雄訳注『三国史記』（東洋文庫３７２）平凡社　一九九七年

三品彰英『三国遺事考証』塙書房　一九九七年

井上英雄『古代朝鮮』講談社　二〇〇四年

＊これらのほか『地球の歩き方　韓国』『地球の歩き方　釜山・慶州』『マップル韓国　ソウル・釜山・済州島』ほか各種ガイドブック、各地域、場所での配布パンフレットなどを参考にしました。ここに記して感謝します。

著　者

中村　浩（なかむら ひろし）
大阪大谷大学名誉教授、和歌山県立紀伊風土記の丘館長
1947年生まれ。同志社大学大学院文学研究科文化史学専攻中途退学。博士（文学）。著書に『和泉陶邑窯の研究』（柏書房、1981年）、『和泉陶邑窯出土須恵器の型式編年』（芙蓉書房出版、2001年）、『須恵器』（ニューサイエンス社、1980年）、『古墳文化の風景』（雄山閣、1988年）などの考古学関係所のほか、2005年から「ぶらりあるき博物館」シリーズを執筆、刊行中。既刊は、パリ、ウィーン、ロンドン、ミュンヘン、オランダのヨーロッパ編５冊、マレーシア、バンコク、香港・マカオ、シンガポール、台北、マニラ、ベトナム、インドネシア、カンボジア、ミャンマー・ラオス、チェンマイ・アユタヤ、沖縄・奄美、北海道のアジア編13冊。

池田 榮史（いけだ　よしふみ）
琉球大学国際地域創造学部教授
1955年8月3日生まれ。國學院大學大学院文学研究科日本史学専攻（考古学系）博士課程前期修了。著書に『海底に眠る蒙古襲来-水中考古学の挑戦』（歴史文化ライブラリー478、吉川弘文館、2018年）、『ぶらりあるき沖縄・奄美の博物館』（共著、芙蓉書房出版、2014年）、『東アジアの周縁世界』（共著、同成社、2009年）などがある。

木下　亘（きのした わたる）
前奈良県立橿原考古学研究所附属博物館副館長
1956年8月2日生まれ。國學院大學大学院文学研究科博士課程後期単位取得。論文に「韓半島出土須恵器（系）土器에　대하여」（『百濟研究』第37輯、忠南大學校百濟研究所、2003年、「国立慶州博物館蔵　獅子孔雀連珠円文石造物について」（『三次元計測技術を用いた新羅王陵石造彫刻の総合的比較研究』平成18年度～平成20年度科学研究費補助金研究成果報告書、2009年）、「大和地域出土煙筒土器에　대하여」（『釜山史學』第30輯、釜山大學校史學會、2006年）、「須恵器から見た葛城の物流拠点」（『韓式系土器研究』Ⅸ、韓式系土器研究会、2006年）、「楠見式土器の再検討」（『友情의考古學』故孫明助先生追慕論文集刊行委員會、2015年）がある。

ぶらりあるき釜山・慶州の博物館

2019年 5月30日　第1刷発行

著　者

中村　浩・池田榮史・木下　亘

発行所

㈱芙蓉書房出版

（代表 平澤公裕）

〒113-0033東京都文京区本郷3-3-13

TEL 03-3813-4466　FAX 03-3813-4615

http://www.fuyoshobo.co.jp

印刷・製本／モリモト印刷

ISBN978-4-8295-0760-5

【芙蓉書房出版の本】

ガイドブックに出ていない博物館、
もっと知りたい博物館、
ちょっと変わった博物館を、
肩のこらない文章と写真で探訪。
こんなにたくさんの博物館があったのかと驚く。
著者が訪ねた博物館はなんと１２００館以上（既刊分）！

ぶらりあるき博物館
アジアシリーズ
既刊13冊

博物館・美術館・動物園・植物園・水族館・資料館・記念館から
寺院・野外博物館・世界遺産まで徹底取材！

★東南アジア

ぶらりあるき
シンガポールの博物館
中村 浩著　本体 1,900円
プラナカン博物館／ラッフルズ・ホテル博物館／コイン＆紙幣博物館／海事博物館／マー・ライオンパークなど63館

ぶらりあるき
マレーシアの博物館
中村 浩著　本体1,900円
世界民族学博物館／イスラム美術館／マレー・イスラム国際博物館／海の博物館／世界蜜蜂博物館／イポー鉄道駅など75館

ぶらりあるき
バンコクの博物館
中村 浩著　本体 1,900円
王室御座船博物館／ラーマ七世博物館／エメラルド寺院博物館／武器博物館／空軍博物館／泰緬鉄道博物館／日本人町跡など82館

ぶらりあるき
チェンマイ・アユタヤの博物館
中村 浩著　本体 2,000円
山岳民族博物館／パヤオ文化展示館／アユタヤ銀行五〇周年記念博物館／恐竜博物館／タイ船舶博物館など**191館**

ぶらりあるき
ベトナムの博物館
中村 浩著　本体 1,900円
北部ベトナム民俗展示館／ベトナム女性博物館／ホーチミン博物館／チャム彫刻博物館／戦争証跡博物館など100館

ぶらりあるき
カンボジアの博物館
中村 浩著　本体 2,000円
プノンペン国立博物館／王の象隊列装飾展示館／キリング・フィールド／アキラー地雷博物館／シアヌーク博物館／アンコール遺跡群など97館

ぶらりあるき
ミャンマー・ラオスの博物館
中村 浩著　本体 2,000円
ボージョ・アウンサン博物館／国立麻薬撲滅博物館／ヤンゴン環状鉄道／黄金宮殿博物館／ラオス繊維博物館など127館

ぶらりあるき
インドネシアの博物館
中村 浩著　本体 2,100円
ジャカルタ歴史博物館／スハルト大統領記念博物館／コモド・ドラゴン博物館／王宮馬車博物館／要塞博物館など130館

ぶらりあるき
マニラの博物館
中村 浩著　本体 1,900円

国立フィリピン人博物館／サンチャゴ要塞／バンブー・パイプ・オルガン博物館／リサール生家記念展示館など44館

ぶらりあるき
香港・マカオの博物館
中村 浩著　本体 1,900円

香港歴史博物館／香港文化博物館／香港医学博物館／茶具文物館／澳門返還記念品展示館／澳門グランプリ博物館など60館

ぶらりあるき
台北の博物館
中村 浩著　本体 1,900円

国立故宮博物院／国立台湾博物館／台湾芸術教育館／宝石珊瑚博物館／台湾玩具博物館／北投温泉博物館など125館

★沖縄・北海道

ぶらりあるき
沖縄・奄美の博物館
中村浩・池田榮史著　本体 1,900円

壺屋焼物博物館／対馬丸記念館／ゆいレール展示館／美ら海水族館／ひめゆり平和祈念資料館／奄美海洋展示館など143館

ぶらりあるき
北海道の博物館
中村 浩著　本体 1,900円

北海道博物館／知床博物館／北海道開拓の村／アイヌ民族博物館／樺太関係資料館／サッポロビール博物館／標津サーモン科学館／函館市文学館／釧路湿原美術館など145館

カウチポテト・ブリテン

英国のテレビ番組からわかる、いろいろなこと

宗 祥子著　本体 1,800円

暮らしてわかった！　テレビ番組というプリズムを通して見えた日本と英国。おもしろいドラマ、ドキュメンタリー41本と今の英国がわかる。そんな一石二鳥の本です。

この本を読んだら、ネット配信をチェックしたくなります。

日本初のオリンピック代表選手

三島弥彦 —伝記と史料—

尚友倶楽部・内藤一成・長谷川怜編集　本体 2,500円

ＮＨＫ大河ドラマ「いだてん～東京オリムピック噺～」に登場する三島弥彦の痛快な人物像が明らかになる評伝と、初めて公開される写真・書簡・日記・草稿などの資料で構成。

日本の技術が世界を変える

未来に向けた国家戦略の提言

杉山徹宗著　本体 2,200円

将来を見据えた国家戦略のない今の日本への警鐘。世界をリードしている日本の技術を有効活用せよ！

◆宇宙からのレーザー発電方式は日本だけが持つ開発技術

◆防災用にパワーロボットは不可欠……etc

日本が誇る「ご縁」文化

不思議な出会いがビジネスと生き方を変えた

釣島平三郎著　本体 2,000円

不思議な「ご縁」がきっかけになって仕事や人生が大きく変わった。そんなエピソードがぎっしり詰まった一冊。欧米人には理解できない日本独特の世界はどう作られていったのか。

観光資源としての博物館

中村浩・青木豊編著　本体 2,500円

時代と地域のニーズに合った博物館のあり方を「観光資源」の視点で提言する。多くの人を集める魅力ある施設をどう作るか。学芸員がその魅力を発信する演出者になるにはどうすればよいか。地域振興、地域創生のツールとして博物館をどう活用するか。26人の専門家が豊富な事例を紹介。

図説 江戸の暮らし事典

企画集団エド編著　本体2,500円

おもわず感心してしまう“江戸人の知恵と工夫”を1000点の写真・図版で復元した圧巻のビジュアル事典！「あかり／火と暖房／什器／文房至宝／時計と暦／火消し／勝手場／食器／酒器／遊山の器／化粧／装いの小物／喫煙具／人形／玩具／遊び／商いの道具／農耕の道具／祭り／祈り」など項目別に写真・図版を掲載。解説も充実。

図説 江戸歌舞伎事典 【全２巻】

1 芝居の世界
2 役者の世界

飯田泰子著　各巻本体 2,500円

江戸歌舞伎の雰囲気をあますところなく伝えるビジュアル事典。式亭三馬の『戯場訓蒙図彙』をはじめ、「客者評判記」「戯場楽屋図会」「花江都歌舞妓年代記」「守貞謾稿」などの版本から図版500点以上。

江戸落語事典 古典落語超入門200席

飯田泰子著　本体 2,700円

あらすじ、噺の舞台、噺の豆知識がぎっしり。落語ファン必携の早引きガイドブック。